新华通讯社　编著

解码文化自信的城市样本

新　华　出　版　社

图书在版编目（CIP）数据

解码文化自信的城市样本 / 新华通讯社编著.
-- 北京：新华出版社, 2023.7（2025.2重印）
ISBN 978-7-5166-6881-8

Ⅰ. ①解… Ⅱ. ①新… Ⅲ. ①城市文化—文化发展—研究—中国
Ⅳ. ①C912.81

中国国家版本馆CIP数据核字（2023）第124486号

解码文化自信的城市样本
编　　著：新华通讯社

出 版 人：匡乐成　　**出版统筹：**许　新
责任编辑：赵怀志　沈文娟　祝玉婷　　**封面设计：**赵晓冉

出版发行：新华出版社
地　　址：北京石景山区京原路8号　　**邮　　编：**100040
网　　址：http://www.xinhuapub.com
经　　销：新华书店、新华出版社天猫旗舰店、京东旗舰店及各大网店
购书热线：010-63077122　　**中国新闻书店购书热线：**010-63072012

照　　排：六合方圆
印　　刷：大厂回族自治县众邦印务有限公司

成品尺寸：170mm×230mm　1/16
印　　张：30　　**字　　数：**240千字
版　　次：2023年10月第一版　　**印　　次：**2025年2月第三次印刷

书　　号：ISBN 978-7-5166-6881-8
定　　价：98.00元

出版说明

习近平总书记在文化传承发展座谈会上强调，要坚定文化自信、担当使命、奋发有为，共同努力创造属于我们这个时代的新文化，建设中华民族现代文明。

党的十八大以来，以习近平同志为核心的党中央把文化建设提升到一个新的历史高度，引领文化强国建设取得新的历史性成就，把我们党对文化作用和文化发展规律的认识提升到一个新的境界。

为引导全党全社会更加深刻认识习近平总书记提出的“第二个结合”历史意义、现实意义和时代意义，2023 年 6 月 12 日起，新华社开设“解码文化自信的城市样本”栏目，充分展现祖国大江南北历史名城新时代巨变蕴含的文化自信力量。这组报道引起了海内外媒体、受众广泛关注，产生了积极的社会影响。

为便于广大读者系统深入把握我国历史名城文化脉络，体认源远流长的中华文明，更加深入理解习近平总书记在文化传承发展座谈会上的重要讲话精神，我们以“解码文化自信的城市样本”栏目报道为基础，编辑出版了这部融媒体图书。

该书收录“解码文化自信的城市样本”栏目的 22 篇稿件和新华社记者撰写的 22 篇手记。文末附录编辑代表撰写的采编札记《研磨丹青写精神——一次文化视角重大主题宣传报道范式创新的有益尝试》。同时，为丰富读者阅读体验，我们还将新华社播发的相关融媒体报道以二维码形式编入书中，广大读者扫描二维码可以观看视频。

该书图文并茂、通俗易懂，是新华社送给广大读者的一本22城文化指南。阅读这本书，广大读者可以触摸历史文化名城文化脉络，见证中华文明源远流长。

编　者

2023年9月

目录

世界名城北京，有 3000 多年建城史、870 年建都史，文脉悠悠、绵延不绝，它不仅见证了中华文明的源远流长，更彰显出中华民族深厚的文化底蕴。

党的十八大以来，北京按照全国文化中心建设“一核一城三带两区”的总体框架，涵养源远流长的古都文化、丰富厚重的红色文化、特色鲜明的京味文化、蓬勃兴起的创新文化，把历史文化保护传承与高质量发展相结合，在新时代延续传承、开放包容、守正创新，展现出大国首都的文化自信与人文气象。

文脉千秋 铸京华

——解码首都北京的文化自信样本

2022 年 9 月 28 日，市民在京杭大运河和北京中轴线交汇点的万宁桥上眺望什刹海。（新华社记者陈钟昊 摄）

文脉绵延 弦歌不辍

位于北京中轴线上的永定门城楼。（新华社记者鞠焕宗 摄）

金沟河上始通流，海子桥边系客舟。却到江南春水涨，拍天波浪泛轻鸥。

诗人杨载笔下元大都的海子桥就是今天坐落于地安门外大街的万宁桥。那时节，京杭大运河漕运码头挤满了南来漕船，船工号子十里闻声，桥畔人声鼎沸、行人往来如织。在来自欧洲的旅行家马可·波罗眼中，这里无疑就是世界上最繁华的大都市，“全城地面规划如棋盘，其美善至极，未可宣言”。

一座城市的历史文化是风范的展示、风韵的表达、风貌的象征。

正是元大都“前宫后市”的规划格局为今日北京的城市面貌奠定了基础——布局宏伟庄严、空间合理有序。

从高空俯瞰，北京中轴线穿越故宫，形成一个“中”字；而它与北京城市的另一轴长安街，形成了一个“十”字。

这条中轴线随城市发展不断向外延展。北延线上，中国国家版本馆大气恢弘，彰显中华文化神韵；南延线上，大兴机场形似凤凰展翅，欢迎八方宾客。

联通东西的长安街沿线则与新中国历史进程同步：新首钢见证无与伦比的冬奥盛会，城市副中心发展蹄疾步稳……

城市轴线，中正和合。城市发展，蓬勃兴旺。

故宫博物院研究馆员、故宫学研究所所长王军认为，作为东方城市的杰出代表和伟大结晶，北京城直溯中华文明渊源，展现了惊人的文化连续性。

这里的每一方街市、每一处山水、每一道天际轮廓线，都在延续着城市的历史记忆，浸润着生长于斯的人民。

中轴沿线，正阳门南，在此居住30多年的丁淑凤走出家门就能感受到“水穿街巷、庭院人家”的古都意蕴，就能听到京腔京韵在有400年历史颜料会馆里绕梁不绝。通过中轴线申遗推动老城整体保护与复兴，依托大运河、长城、西山永定河三条文化带构建历史文脉和生态环境交融的整体空间结构，坚守人民立场铸就新时代文艺高峰……党的十八大以来，北京着力做好首都文化这篇大文章。

来自哈萨克斯坦的留学生帖木儿惊奇地发现，在北京，地铁不仅是通往城市各处的高效交通工具，地铁站内如《浩气宣南》、“京城老字号系列”等一大批精美的壁画、雕塑更成为乘客们通往城市历史的时光快车。

殷实的文化家底还促进了优质艺术作品产出：近几年观众熟悉的

《长津湖》《流浪地球 2》等电影都是“北京出品”；458.1 万位实名注册志愿者通过热情奉献，在各公共服务领域传递着中国温度。

“北京的历史文化饱满深厚，不断为这里的人民提供丰富的文化滋养。”北京市古代建筑设计研究所原所长马炳坚说。

开放包容 美美与共

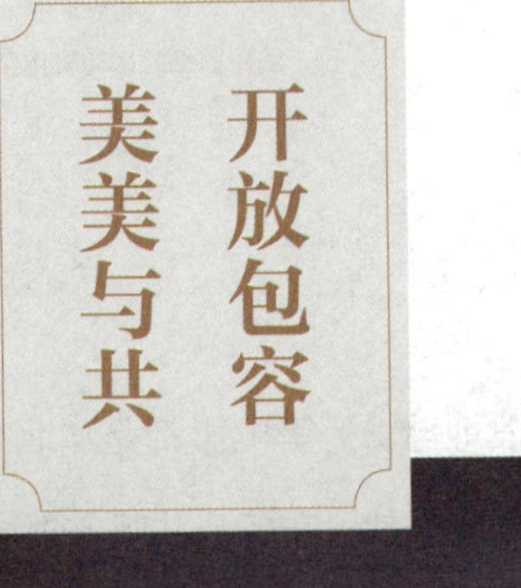

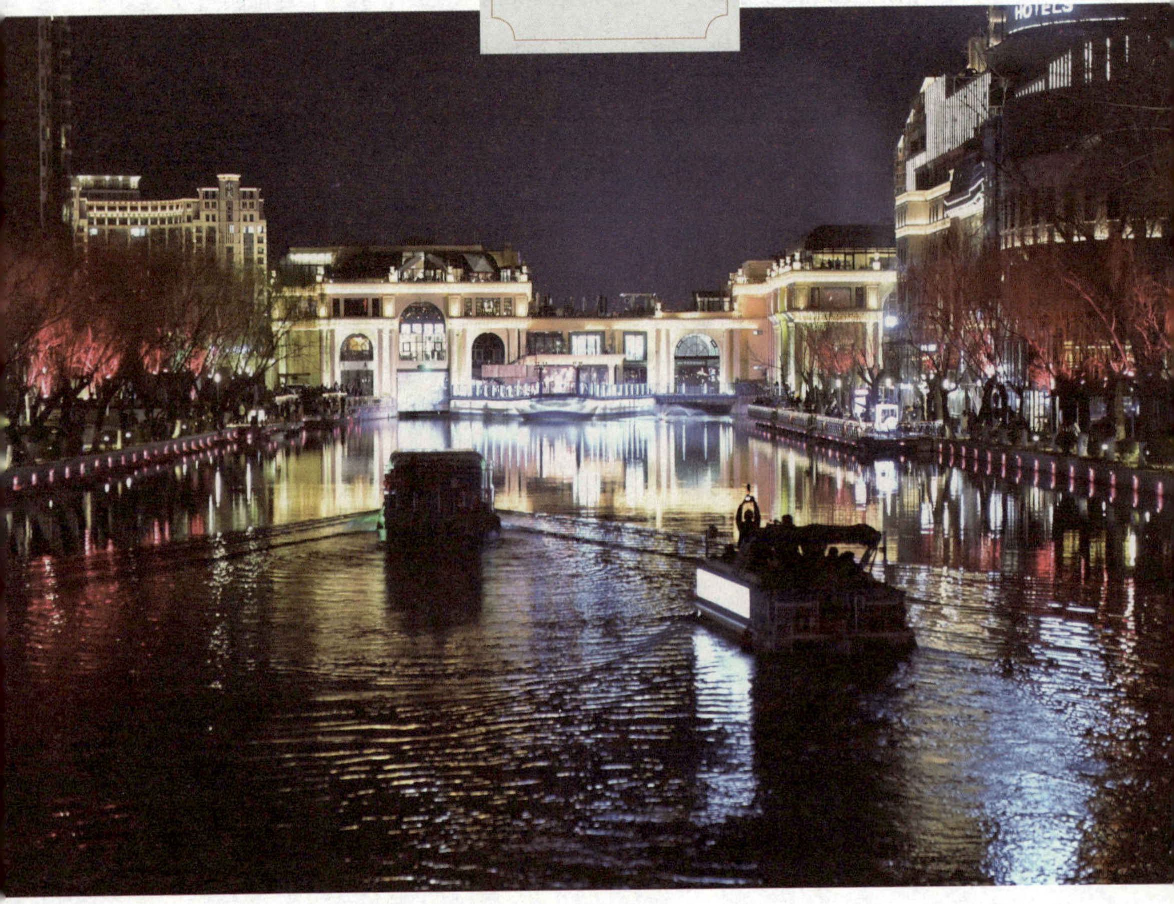

2023 年 3 月 18 日，游船行驶在亮马河上。（新华社记者陈钟昊 摄）

2023年6月3日，夜幕降临，雄壮的《红旗颂》交响乐响彻八达岭长城上空。这是俄罗斯指挥家捷杰耶夫率马林斯基交响乐团为热情的听众们倾情演绎。

古长城、交响乐、红旗颂……各具特色的文化符号共同呈现出文化交融的独特魅力，彰显出北京开放包容的文化形象。

置身北京城，这类因文化交融碰撞而迸发的“光彩”随处可见。

在亮马河“国际风情水岸”，美丽的滨河夜景廊道已是夜游北京的“打卡地”；曾是老北京市井烟火代表性区域的隆福寺地区焕新重生，中外文化交融的创意艺术体验空间成为新增的一抹亮色；位于宣西大街原顺承门内的繁星戏剧村院里，汤显祖和莎士比亚两位戏剧大师的铜像相向而立，似乎在交流着各自对文化与艺术的理解……

“北京有一大批老百姓耳熟能详的文物古迹已经成为新兴城市文化地标。”来自非洲加蓬的宝拉已在北京工作了14年，她觉得“北京的文化能让各种不同文化背景的人都觉得回味无穷。”

融汇古今、联通中外。

北京将中华优秀传统文化讲得更明白、用得更精彩，让“中国节”变成“世界节”，让中国元素在世界舞台焕发光彩。

北京冬奥会开闭幕式上，从极具诗意的二十四节气倒计时，到倾泻而下的“黄河之水”，从“迎客松”焰火的升腾绽放，到折柳寄情的依依惜别，每一个创意无不蕴含中华文化精髓；可爱的“冰墩墩”完美融合“国宝”大熊猫、冰雪运动与中国文化美感元素，成为全球追捧的文化“顶流”，向世界展现出独特的中国魅力，让世界感受到新时代中国从容自信、开放包容的大国风范。

守正创新 谱写华章

修缮后的清华园车站旧址。（新华社记者陈钟昊 摄）

擦亮历史文化“金名片”，让历史文化“会说话”，北京立足新舞台、抓住新契机，古都文化、红色文化、京味文化、创新文化建设齐头并进。

随着清华园车站旧址、颐和园益寿堂面向公众开放，加上此前开放的香山革命纪念地，“进京赶考之路（北京段）”的全貌已完整呈现。近年来，北京通过全面系统挖掘、保护利用“红色文化宝藏”，加大革命旧址修缮保护力度，大力推进“红色 +”创新发展，依托建党、抗战、新中国成立三大红色文化主题片区，打造红色精品展览、创作红色文化作品，推动首都红色文化资源活起来。

“以古人之规矩，开自己之生面。”在东城区的会馆老戏台上，京剧、相声、民乐、话剧等艺术形式开启了老会馆活化利用的焕新之旅，持续充盈着群众精神文化高品质供给。

2023 年 5 月 19 日，经腾退修缮后的庆云寺整装升级为金石博物馆，开门迎客。近年来，仅西城区就启动 52 处直管公房类文物腾退项目。“金石博物馆将文物活化利用与博物馆建设相结合，为民间收藏家提供了展览空间，搭建起连接文物与民众的桥梁，为北京再造一处文物活化的样板空间。”北京市西城区文旅局局长靳真说。

演员在北京颜料会馆表演中国传统舞蹈节目。（新华社记者陈钟昊 摄）

文化创新赋能城市发展同样离不开制度创新探索。北京作为全国文化中心，近年来大力推动文化和金融融合、文化和科技融合、文化和旅游融合等“文化 +”战略，有力释放北京科技资源、人力资源、创新创造活力，不断为文化发展赋能。

在位于朝阳区的国家文创实验区，全国首个文化企业信用促进会、全市首个文化金融服务中心等为文创企业探索优化发展环境之道；通过“文物建筑信用融资”，北京银行前门文创支行为泰安里文物活化利用项目提供低息信用贷款，成为探索破解文物活化利用难题的新尝试……

北京坊、798 艺术区、首创·郎园 Station、77 文创园……各具特色的文化产业园区正在成为社会主义先进文化的传播地、城市更新的承载地、文化科技融合的创新地、优质文化企业的集聚地、市民文化消费的打卡地。统计显示，2022 年北京规模以上文化产业实现收入合计 17997.1 亿元。其中，核心领域实现收入合计 16339.4 亿元，占文化产业总收入 90.8%，连续七年在全国省市文化产业发展综合指数排名中保持第一。

燃灯古塔熏书香，五河交汇通碧州。北京新“两翼”之一的北京城市副中心，正由蓝图变为实景，形成“以副辅主、主副共兴”之势。2023年6月3日，一场以探访城市空间、探索历史文化为主题的“文化探访路”系列活动中，清华同衡规划设计研究院副中心分院副院长于润东指着不远处即将竣工的“三大文化设施”——博物馆、剧院、图书馆，与同行者立下约定：几年后故地重游，感受通州大运河文化带的全新变化……

从历史中走来，在继承中创新。北京，这座既有传统文化底蕴又彰显现代文化魅力的大国首都，正在建设国际一流的和谐宜居之都征程上绽放华彩。

新华社北京2023年6月12日电
新华社记者：王明浩、涂铭、鲁畅、杨淑君
视频记者：潘旭、陈杰
编辑：王曙晖、杰文津、廖翊

扫描二维码查看视频

记者手记

探寻千秋文脉　解读首都文化密码

《文脉千秋铸京华——解码首都北京的文化自信样本》作为该栏目的开篇之作，由新华社北京分社社长王明浩提笔“挂帅”，分社分党组成员、常务副总编辑涂铭及相关记者共同策划采写。

做大文章须先破题。首都北京有3000多年建城史、870年建都史，是全国文化中心，也是世界名城。北京所体现出的文化自信是什么？如何找准角度去“解码”这座城市的文化自信是我们面临的首要关键问题。

2023年6月2日，文化传承发展座谈会在京召开，习近平总书记发表重要讲话，鲜明提出中华文明五个突出特性——连续性、创新性、统一性、包容性、和平性，强调在五千多年中华文明深厚基础上开辟和发展中国特色社会主义，把马克思主义基本原理同中国具体实际、同中华优秀传统文化相结合是必由之路。

总书记的讲话为我们指明了思路，北京分社领导确定北京这篇稿件紧扣总书记提出的中华文明突出特性来写。结合北京自身定位及特色，着墨于中华文明连续性、包容性、创新性在这座城市中的体现。自此，稿件框架已定。

一座城市的历史文化是风范的展示、风韵的表达、风貌的象征。习近平总书记在北京考察时指出，北京是世界著名古都，丰富的历史文化遗产是一张金名片，传承保护好这份宝贵的历史文化遗产是首都的职责，要本着对历史负责、对人民负责的精神，传承历史文脉。

“文脉”是整篇文章的题眼。古都北京文脉悠悠、绵延不绝，它不仅见证了中华文明的源远流长，更彰显出中华民族深厚的文化底蕴。新华社社长傅华曾指出，文脉是城市的精神及其生成演变的内在逻辑，是城市文化创造活动的源头活水。

按照这个思路，稿件以元代诗人杨载的诗歌切入，带领读者回到当年万宁桥畔人声鼎沸、行人往来如织的场景。正是元大都“前宫后市”的规划格局为今日北京的城市面貌奠定了基础——布局宏伟庄严、空间合理有序。从高空俯瞰，穿越故宫的北京中轴线与北京城市的另一轴长安街，形成了一个“十”字。两条线随着城市发展不断向外延展，见证了中华文明的赓续不绝，也见证了大国首都的与时俱进。

近年来，北京以中轴线申遗为抓手，推动老城整体保护和有机更新，推动大运河文化带、长城文化带、西山永定河文化带保护发展，让中华文明“金名片”熠熠发光，也为生长于斯的人民提供源源不断的文化滋养。

文明因交流而多彩，文明因互鉴而丰富。中华文明自古就以开放包容闻名于世，在同其他文明的交流互鉴中不断焕发新的生命力。在北京，既能欣赏到来自世界各地的大师名团带来的精彩演绎，还能感受以亮马河国际风情水岸等地为代表的创新赋能，更有“双奥之城”为世界呈现出的独特中国文化魅力。稿件运用大量事实、细节和数据，记录了城市文化的厚重和壮美，展现了因文化交融碰撞而迸发的“光彩”，让读者体会到大国首都的万千气象和文化自信。

“凡益之道，与时偕行。”自古以来，中华文明在继承创新中不断发展，在应时处变中不断升华。北京作为全国文化中心，文化建设具有代表性和指向性。源远流长的古都文化、丰富厚重的红色文化、特色鲜明的京味文化、蓬勃兴起的创新文化，不断焕发活力与生机。稿件从北京系统挖掘保护利用“红色文化宝藏”、探索文物活化利用新路径、推进文化产业园区高质量发展等角度，描绘出北京有力释放科技资源、人力资源、创新创造活力，不断为文化发展赋能的生动景象。

文化自信是一个国家、一个民族发展中更基本、更深沉、更持久的力量。这篇稿件的采写过程仿佛是一次千秋文脉的探寻之旅，让我们更贴近地触摸这座千年古都的脉搏，更深刻地认识博大精深的中华文明的突出特性。

习近平总书记在文化传承发展座谈会上强调，要坚定文化自信、担当使命、奋发有为，共同努力创造属于我们这个时代的新文化，建设中华民族现代文明。

北京的人文是一座永远挖不完的宝藏，从历史中观文化，于文化中品新韵，在新的起点上，不断书写全国文化中心建设新篇章。

新华社记者：杨淑君

浦江奔涌，东方潮阔。

100 多年来，作为中国面向世界、矢志革新的重要窗口，红色文化、海派文化、江南文化在上海这座大都市中激荡交融。

文化是城市的灵魂。党的诞生地、初心始发地上海，在传承与创新中推进文化自信自强，凝心聚力建设人民城市。

海纳百川 谱华章

——解码『人民城市』上海的文化自信样本

中共一大会址前人流如织（2021年6月1日）。
（新华社记者刘颖 摄）

『一大红』：百余年芳华依旧

中共二大会址纪念馆（2022 年 7 月 1 日）。（新华社记者刘颖 摄）

这抹“一大红”，永不褪色。

兴业路76号，中共一大会址。石库门小楼，乌漆木门、雕花门楣、朱红窗棂，历经百余个春秋却芳华依旧。

一旁，新天地街区流光溢彩，与中共一大纪念馆构成开放型、街区型文化空间。今时今日，这里已成为越来越多年轻人心中最具魅力的城市文化地标。

《共产党宣言》首个中文全译本在这里出版，《新青年》《共产党》《向导》等革命报刊在这里创办，《国际歌》在这里被翻译成中文……

“红色，是上海最鲜明的文化底色。”历史学家、上海社会科学院研究员熊月之说。

以中共一大会址为中心，向西约800米，老渔阳里，中共发起组成立地；向北约1公里，辅德里，中共二大会址；向南约500米，成裕里，印刷《共产党宣言》首个中文全译本的又新印刷所旧址……城市的版图上，600余处红色资源，如繁星遍布。

这抹“一大红”，穿越时空、历久弥新。

旧址遗迹成为党史“教室”，文物史料成为党史“教材”，英烈模范成为党史“教师”——上海创新表达方式、走进年轻人群，让红色资源亮出来、活起来。

“百物进百校，百讲证百年”持续开展，从中共一大纪念馆12万余件馆藏中精选出的100件见证重要历史的革命文物进入校园；上海红色文化创意大赛已经进行到第四届，老字号品牌与革命文物元素深度融合、创新演绎，让红色文化可亲可爱、“触手可及”……

这抹“一大红”，融入城市血脉，成为延续城市记忆、感召时代新人的强劲能量。

《永不消逝的电波》《战上海》《大江大河》《攀登者》《1921》……近年来，上海打造出一批叫好又叫座的文艺作品，让青年人走进英雄的历史，以青春激荡青春。

“剧中英雄人物的信仰深深打动了我们，提升了我们，我们要用自己的表演去感染更多的观众。”巡演过程中，舞剧《永不消逝的电波》的主演朱洁静、王佳俊相继光荣加入中国共产党。

龙华烈士陵园里，陈延年、陈乔年、赵世炎、彭湃、何孟雄等烈士墓前鲜花簇簇，今人写给英烈的书信层层叠叠。

字里行间，情真意切。“我们始终如一，走在你们所选择的那条正确道路上”“多希望你们能看到今天的上海”……

“一江一河”：时代潮竞涌奔腾

空中俯瞰苏州河与黄浦江交汇处（2023 年 3 月 3 日）。（新华社记者方喆 摄）

“七一勋章”获得者、新中国纺织工人的优秀代表、92 岁的黄宝妹在黄浦江边工作生活了一辈子，见证了上海工业文明的发展演变。让她耳目一新的是，老厂房如今成了博物馆、咖啡厅、党群服务中心等公共空间。

汇入黄浦江的苏州河自西向东，九曲十八弯穿过城市心脏地带。河岸一座半岛上，1933 年建成的上海啤酒厂灌装车间已改造为环保主题公园，向市民游客讲述着苏州河的前世今生。

“‘一江一河’是上海特有的城市符号，也是上海显著的文化地标。”上海市社会科学界联合会主席王战说。

漫步杨浦滨江岸线，仿佛穿行在“中国近代工业文明长廊”，这里曾诞生自来水厂、发电厂、煤气厂等中国民族工业十余个第一；苏州河畔，则有着中国第一家民族资本机器面粉厂、第一家棉纺织厂、第一家硫酸厂、第一家机器生产调味品厂。

岁月流转，伴随产业转型升级，不少老工业遗存“退休”，沿江密布的码头、厂房、仓库，成为市民亲水的障碍；大量工业和生活废水直排苏州河，河流污染逐年加剧，20 世纪 70 年代市区河段鱼虾绝迹，河水终年黑臭。

祥泰木行旧址重修建设为杨浦滨江人民城市建设规划展示馆（2021 年 5 月 15 日）。（新华社记者刘颖 摄）

人民城市人民建，人民城市为人民。在保护中更新，在更新中保护。近年来，“一江一河”已有近百公里的岸线贯通开放，上海城市形象随之一新。

最好的江景奉献给市民。一条新的生活“秀”带上，曾经的祥泰木行，成为杨浦滨江人民城市建设规划展示馆；当年“远东最大制皂厂”的生产原址，变身“皂梦空间”白七咖啡馆；黄宝妹工作过的国棉十七厂，现在则是游人如织的上海国际时尚中心……

清澈的河水奉献给市民。历经三十年、三期整治，苏州河已从“黑如墨”变成“美如画”，鱼游浅底、鸥鹭翔集、绿廊绵延，水上航线开通，赛艇运动精彩。

“留住城市变迁的印记，有形的是把历史建筑和遗存的原样保留，无形的是让人们从公共空间的肌理和细节中留住城市的记忆，感受乡愁、匠心与传承。”上海市杨浦区文化和旅游局局长钱彬说。

“一江一河”竞涌奔腾，文化力量催动城市生机。上海现存规模最大、最完整、种类最多的中后期石库门建筑群张园经过四年保护性修缮，被赋予全新商业功能和业态；有着 232 处优秀历史建筑的徐汇衡复风貌区，用“微更新”留住原汁原味的海派风情……

新型文化空间：美美与共润人心

上海图书馆东馆南阅读广场内景（2022 年 9 月 28 日）。（新华社记者方喆 摄）

上海市民游客在上海豫园商城中心广场观看街头艺术表演（2023 年 5 月 7 日）。（新华社记者刘颖 摄）

上海老城隍庙
小吃广场

夜幕降临，外滩万国建筑群灯火辉煌；修旧如旧的武康大楼沧桑而神秘，游人如织……1058 处、3075 幢优秀历史建筑，397 条风貌保护道路（街巷），250 处风貌保护街坊，44 片历史文化风貌区赋予上海精致时尚的气质。

历史、当下和未来，在一批批新型文化空间中交汇融合、滋润人心。

都市繁华很近，“诗和远方”不远。人们可以在被誉为“林中玉石”的上海图书馆东馆，将“梦境森林”化作阅读景观；也可以在朵云书院滴水湖畔的“最美书店”，看日出日落……

“中心城区 10 分钟、郊区 15 分钟”公共文化圈基本形成，美术馆、剧场、设计创意机构自然形成群落，上海在全国率先基本建成现代公共文化服务体系。

城市文化同样赋能经济脉动。2022 年，上海文化创意产业总产出占全市 GDP 的 13% 左右，文创企业总体发展韧性较强、活力较足。

文化共鸣，美美与共。上海在持续推动中外文明交流互鉴中，彰显自身文化自信与文化品格。

从 2022 年到 2023 年，上海博物馆“从波提切利到梵高”大展，与外滩东一美术馆来自意大利乌菲齐美术馆的罕见波提切利文艺复兴真迹遥相呼应；一江之隔的浦东美术馆，来自美国大都会博物馆的“时间的轮廓”展以及来自西班牙提森博物馆的艺术珍藏陆续上新。

沿着中华文明探源的脉络，上海博物馆“何以中国”文物考古大展的第二展“实证中国：崧泽·良渚文明考古大展”蓄势待发。上海博物馆馆长褚晓波说：“我们计划汇聚出土文物超过320件组，重现五千多年前长江下游文明之辉煌。”甲骨陶符、青铜重器、秦砖汉瓦在上海奉贤博物馆汇聚一堂，“丹甲青文——中国汉字文物精华展”正向人们讲述跨越千年的汉字之美，展示中华文明薪火相传、绵延不绝的生命力。

透过一件件文物，感受中华文明的深厚底蕴，从中汲取文化自信的力量——各处博物馆和美术馆内外摩肩擦踵、熙熙攘攘的观众人群，才是这座城市文化画卷中最亮眼的“主角”。

赓续文脉，书写华章。弘扬开放、创新、包容的城市品格，坚定文化自信，践行人民城市理念，上海正加快建设社会主义现代化国际大都市，不断创造新的荣光。

新华社上海2023年6月12日电

新华社记者：王永前、杨金志、郭敬丹、孙丽萍、郑钧天

编辑：王曙晖、杰文津、廖翊

扫描二维码查看视频

记者手记

在上海，文化魅力浸润城市生活

在上海乘坐地铁至新天地、淮海中路、四川北路等地，到站时会听到这样的广播提示："上海是中国共产党的诞生地。参观中共一大纪念馆/团中央机关旧址纪念馆/中共四大纪念馆，请从……号口出站。"

党的诞生地、初心始发地，城市版图上，600余处红色资源星罗棋布。而历史的印记并不遥远，如同每一次稀松平常的报站，红色地标已融入日常生活，为市民所熟悉——

流光溢彩的时尚街区，与中共一大纪念馆构成开放型、街区型文化空间；龙华烈士陵园烈士墓前，今人写给英烈的书信层层叠叠；节假日里，孩子们结伴而行，到渔阳里、甲秀里、辅德里等石库门里弄寻访红色记忆……

"党的历史处处流淌，让人感到亲切又充满力量。"红色，是上海最鲜亮的底色。一次次情感共鸣，回荡在城市角角落落。

有精神的滋养，也有美的享受。在上海，"家门口"的公共文化设施越来越多——"中心城区10分钟、郊区15分钟"公共文化圈基本形成。

如图书馆，已成为城市生活中的"网红"。不同层级的公共阅读空间次第落成，各美其美，美美与共。

2023年开年就成为上海崭新文化地标的徐家汇书院，每天的预约名额都被“秒杀”。总面积18650平方米，融文献阅读、展览讲座、艺术鉴赏、文创集市、旅游导览等功能于一体，拥有近800个阅读席位。中庭两侧书架上摆放了珍本、善本、大全套的书籍可随意取阅；作为国内单体建筑面积最大的图书馆，上海图书馆东馆建筑面积达11.5万平方米，是上海最新的城市文化地标。图书馆内外，来自全球的多位当代艺术家创作了包括《求索之城》《知识之塔》等在内的10组公共艺术作品，让上海图书馆东馆不仅是一座知识宝库，亦成为可以被公众共享的开放文艺空间。

城市街头，这样的文化空间如同一座座温暖的“灯塔”，照亮文化精神生活，也透出上海的温情与温馨。

文化魅力的另一组镜头，则在各处博物馆和美术馆内外摩肩擦踵、熙熙攘攘的观众人群中。

从2022年到2023年，上海博物馆“从波提切利到梵高”大展，与外滩东一美术馆来自意大利乌菲齐美术馆的罕见波提切利文艺复兴真迹遥相呼应；一江之隔的浦东美术馆，来自美国大都会博物馆的“时间的轮廓”展以及来自西班牙提森博物馆的艺术珍藏陆续上新。

2023年盛夏，上海博物馆新展“实证中国：崧泽·良渚文明考古特展”对公众开放，来自全国19家博物馆和考古机构的358件珍贵文物齐聚特展。富有当代艺术气息的崧泽“人首陶瓶”，雕琢神人兽面像的玉钺，迄今我国考古发现最大、最重和最早的镇墓兽石猪……展览聚焦且“探源”距今5800年到4300年璀璨夺目的长江下游早期文明。

许多观众提前做了功课而来，透过一件件文物，感受中华文明的深厚底蕴，从中汲取文化自信的力量。

精神世界的丰盈，伴随日常生活的舒展。在上海，城市在保护中更新、在更新中保护，更加美好的生活场景、城市景观，成为新的“文化符号”。

近年来，上海先后贯通黄浦江45公里滨江岸线、苏州河42公里公共岸线，“一江一河”串珠成链为老百姓提供高品质公共空间。

步移景异的滨水长卷上，外白渡桥、慎余里、天后宫等历史景观沿苏州河岸串珠成链；徐汇西岸文化长廊、后滩世博文化公园、杨浦百年工业文明展示长廊等重大文化设施星罗棋布；共青森林公园、闵行郊野公园等大型生态绿地已然建成……

公共空间载体的建设，为文化、旅游、体育活动的丰富和提升提供空间，也把黄浦江、苏州河两岸的城市人文的底蕴，进一步涵养至市民的生活日常中。

有“魔都”之称的上海，正焕发出不一样的“魔力”，令人着迷。“魔力”的“B 面”，是文化这张闪亮的“名片”，更是“人民导向”这一鲜明的坚持。集聚人气、凝聚人心，当文化自信渗透进社会生活的方方面面，人民城市建设更具生命力，开放、创新、包容的城市品格润物无声。

新华社记者：郭敬丹

“对文化的自豪和自信，是这座城市的标志，它洋溢在市民的笑容和谈吐中，如此令人着迷……”

这段来自巴基斯坦演员光明的描述，是他在西安定居多年后，对这座千年古都的深切感悟。

周礼秦制，汉风唐韵；灞柳风雪，雁塔晨钟……千年古都西安的悠悠文脉、万千气象、诗意之美，绵延传承，而弦歌不绝。

习近平总书记来陕考察指出，要把凝结着中华民族传统文化的文物保护好、管理好，同时加强研究和利用，让历史说话，让文物说话。

沿着总书记指引的方向，拥有 3100 多年建城史、累计 1100 多年建都史的西安不断探索以文化人、以文化物、以文化城，孕育出从容自信、大气包容的城市气质，并带来现代城市发展的创新活力与澎湃动能。

文韵贯长安

——解码古都西安的文化自信样本

西安城墙永宁门（2023 年 4 月 25 日摄，无人机照片）。
（新华社记者刘潇 摄）

以文化人：『诗意长安』让市民自信又从容

图为实景历史舞剧冰火《长恨歌》演出现场（2022 年 12 月 16 日摄）。
（新华社发　邹竞一 摄）

秦岭脚下，西安市长安区抱龙村，一间名为“融舍”的民宿典雅精致。

年轻的音乐人刘子龙远离城市喧嚣，在此工作。傍晚，月上柳梢，他唤来客人轻声唱起民谣：“长安青峦，古道炊烟，闲云去，燕子还……”

千年前，唐代诗人王维也曾来到这里，震撼于眼前的绝世风光，不禁写下“太乙近天都，连山接海隅。白云回望合，青霭入看无”的传世名篇。

诗意之间，历史与现实，就这样巧妙地有了勾连。

西安，是一座诗歌之城。唐时，无数文人骚客到访长安，或以文会友，或对酒当歌。樊川、五陵、曲江、乐游原……这些今天西安仍在使用的地名，曾频繁出现在脍炙人口的唐诗名篇中。

一首首诗歌里，有长安的辉煌过往，有西安的活力今朝。

“塔势如涌出，孤高耸天宫”“慈恩塔下题名处，十七人中最少年”。始建于唐代的大雁塔，如今是西安最受游客欢迎的地标之一。登宝塔、览长安，便可体会几分昔年白居易雁塔题名的年少得意。

“绿翠骊山烟幕间，西阳画卷似江南”“长安回望绣成堆，山顶千门次第开”。骊山秀美依旧，而锦绣堆中的爱恨情仇，已从诗集走向舞台。实景历史舞剧《长恨歌》精彩纷呈，引得观众流连忘返。

陕西知名文化学者商子秦说：古长安，是诗之“都城”；今西安，依然是一座可以吟着唐诗回家的城市。“西安将古都风貌与现代生活相融合，留住了古韵与乡愁。”

诗意的景致，潜藏在西安的地铁站台上。航天大道站的“敦煌飞天”，大唐芙蓉园站的游园赏灯，大明宫站的万国朝贺……一站一景，画卷连环。来自上海的游客李庆珂说：“在西安，地铁是穿越时空的访古隧道。”

诗意的生活，浸润在古城的寻常巷陌里。行走西安，不时可见身着古装的翩翩少年，在古风古韵的街市中浅吟低笑、徐徐穿行。

诗意的创作，闪耀在“文艺陕军”的精品力作中。柳青、路遥、陈忠实、陈彦等扎根三秦大地、笔耕不辍。《创业史》《平凡的世界》《白鹿原》《主角》等作品中蕴含的现实主义、乡土气息、家国情怀一脉相承。“源自历史、深入生活、扎根人民，让这些作品有了史诗品格和传世价值。”文学评论家邢小利说。

“长期浸润在丰沛的文化土壤之中，西安市民脸上洋溢着自信和从容，就是这座古城独特的城市气质。”土生土长的西安“80后”、面塑非遗传承人张倍源说。

以文化物：寻找文物“活起来”的密码风貌

西安大唐不夜城（2023 年 1 月 28 日摄，无人机照片）。（新华社记者刘潇 摄）

夜幕降临，华灯亮起。转瞬间，西安就“变”成了长安。

大雁塔下，大唐不夜城景区，两公里长街人头攒动。移步换景，这条仿唐步行街，散落着体验唐代市井生活的长安十二时辰主题街区、感受唐诗魅力的星光步道、领略艺术之美的音乐厅和美术馆。

火遍全网的“盛唐密盒”表演正在这里上演。“房玄龄”和“杜如晦”两位唐朝名仕，“穿越”到此，为朝廷“招贤纳士”，随机挑选游客上台回答问题。风趣互动中，笑语连连。

“‘盛唐密盒’将唐代文化名人 IP、历史文化知识和脱口秀相融合，通过表演和互动，在幽默欢乐中寓教于乐。”西安曲江文旅股份公司演艺管理中心总经理苏卉说。

这并非是西安文创的第一次火爆“出圈”。从“不倒翁小姐姐”到“李白对诗”，再到“花车斗彩”“戏演壁画”和“诗意长安”灯组，爆款产品形态不同，却都是历史文化与现代创意的结合。

让历史说话，让文物说话，离不开推陈出新的技术应用。登上西安城墙，一副 VR 眼镜便能让游客从“高空”俯览古城；一场灯光数字投影，就让“百千家似围棋局，十二街如种菜畦”的唐城风貌再现眼前。

身穿传统服饰的游客在西安“长安十二时辰”主题街区里游玩（2023 年 1 月 24 日摄）。（新华社记者刘潇 摄）

游客在秦兵马俑一号坑遗址参观（2023 年 4 月 26 日摄）。
（新华社记者刘潇 摄）

"面对厚重的历史文化和丰富的文物遗存，我们在保护优先的基础上，通过艺术创作、科技运用、视听化表达等多重方式加快文物活化利用，增强体验感和互动性，不断给市民和游客以全新体验。"西安市文旅局局长孙超说。

坚持创造性转化、创新性发展，找到传统文化和现代生活的契合点。在西安，一批守正创新的"样本"正脱颖而出——

秦始皇帝陵博物院，以兵马俑和馆藏文物为元素的文创产品涉猎广泛，形态可掬的系列秦俑衍生品兼具观赏性和艺术性，受到中外游客欢迎；

钟鼓楼旁，易俗社文化街区，露天戏台上的秦腔高亢嘹亮，“馆、展、演、商”四位一体的展现，让古老的黄土天籁焕发时尚活力；

西安钟楼夜景（2023 年 5 月 2 日摄，无人机照片）。（新华社记者刘潇 摄）

终南山下，“麦田交响乐”一场接一场演出，村民生产生活场景展现在村里的美术馆，唤起无尽的乡土记忆；

“寻找到切合城市、切合时代、切合人民的表达，是西安让文物风貌‘活起来’的密码。”陕西著名文化学者肖云儒说，这既满足了人们美好生活的需要，又带来了社会效益和经济效益的双赢。

游客行走在西安市长安区秦岭终南山脚下的一个民宿内（2022 年 7 月 24 日摄）。（新华社记者刘潇 摄）

以文化城：开放包容扩大『国际朋友圈』

西安大雁塔及慈恩寺（2023 年 4 月 19 日摄，无人机照片）。（新华社记者刘潇 摄）

大唐西市博物馆，游人如织。但少有人留意博物馆外立着的一块碑石，诗仙李白的《少年行》镌刻其上——“五陵年少金市东，银鞍白马度春风。落花踏尽游何处，笑入胡姬酒肆中。”

李白笔下的“金市”，就是唐长安城的“西市”。作为彼时世界的贸易中心和文化交流中心，这里曾创造出文化和商业的辉煌，亦是联通中外、沟通民心的重要舞台。

千百年后，作为古丝绸之路起点，越来越多的国际友人到西安生活、求学、旅游、经商，形式多样的文化交流交融次第开花。

工作、恋爱、生子……这一系列人生重要节点，索菲娅·乌舒罗娃都是在西安完成的。这位来自哈萨克斯坦的博士如今已是西安交通大学的一名教授，她汉语流利，言语间竟夹杂有陕西方言味道。

“置身西安，仿佛穿越千年，我总被这里灿烂的历史文明和浓厚的遗址魅力所深深吸引，大气包容的城市文化、极具特色的风土人情，让我早已离不开这里。”索菲娅说。

每逢亲朋到访，索菲娅都会亲自担当导游，面对兵马俑、钟楼、大雁塔等景点，她总能如数家珍般讲述历史遗迹背后的故事。这些难忘的经历还被她写进《丝路好时光：哈萨克斯坦女博士的中国情缘》一书中。

无独有偶。闲暇时，西北大学文学翻译博士、埃及留学生艾小英，总喜欢走街串巷，不少古城见闻让他感触颇深：斑马线前谦让礼行、节假日里自发充当向导……“只有这样悠久的历史和厚重的文明，才能涵养出这样可爱的市民。”艾小英说。

在许多外国人眼中，开放包容的西安就是他们的“第二故乡”。

“西安是我的福地。”48 岁的印度人德福经常感慨。他在西安定居多年，让孩子在这里上学，还在当地开设了印度餐厅。“由于生意不错，我的餐厅从西安一路开到成都、杭州、长春等地。”

自信包容的城市文化气质，不仅留住了游客的脚步，也正吸引着世界的目光。

丝路电影节、国际音乐节、丝路博览会……西安的国际交流活动持续不断，“国际朋友圈”也越来越大，国际友好城市已扩展至 38 个。

2023 年 4 月 18 日，满载着 35 车 700 余吨核桃及加工设备的中欧班列从西安集结，一路向西开往乌兹别克斯坦第二大城市撒马尔罕。从最初一年开行 46 列，到 2022 年开行突破 4600 列，中欧班列长安号已实现欧亚地区主要货源地全覆盖。

仅仅两天后，西安咸阳国际机场，首飞哈萨克斯坦首都阿斯塔纳

满载日用百货的 X8151 次中欧班列从西安国际港站驶出，开往白俄罗斯首都明斯克（2023 年 2 月 1 日摄）。（新华社记者李一博 摄）

的航班准时起飞。2023 年以来，西安已相继开通至阿拉木图、塔什干、比什凯克等地的客运航线，“空中丝绸之路”亦不断拓展。

“随着通道愈发畅通，西安与哈萨克斯坦诸多城市在人文、商贸等领域的交流合作成果会更加丰硕。”哈萨克斯坦驻西安总领事卡拉巴耶夫·佐齐汉说。

建筑大师、中国工程院院士张锦秋说，正是由于坚持创造性转化、创新性发展，西安厚重的历史文化才不断彰显，城市气度才更显开放包容。

长安道，一回来，一回新。更加自信的西安，等你！

新华社西安 2023 年 5 月 7 日电

新华社记者：孙波、储国强、姜辰蓉、张斌

视频记者：吴鸿波

海报设计：张铎

编辑：张虹生、陈海通、侯帮兴、姜子

统筹：曹江涛

扫描二维码查看视频

记者手记

从理解城市到建构报道框架

2023 年 5 月 18 日至 19 日，中国—中亚峰会在陕西省西安市举行。此次峰会是 2023 年中国首场重大主场外交活动，也是建交 31 年来，六国元首首次以实体形式举办峰会，在中国同中亚国家关系发展史上具有里程碑意义。

对此，新华社陕西分社与总社相关部门进行了前瞻、全面、周详的联合策划，并播发了《（新华全媒头条）文韵贯长安——解码古都西安的文化自信样本》一稿，报道反响强烈、受到广泛好评。作为参与报道的记者之一，我试图阐述何以将地方城市特色融入重大主题报道中，构建国家叙事和城市叙事的有机融合，凸显报道特质、营造盛会氛围。

理解城市

作为参与报道的记者之一，我一直关注如何在宏大的国家叙事中找到恰当的报道方位和视角，展现地方城市特质，让大主题下的城市景观、城市生活和城市发展被更多关注，进而使读者更易接受，让宏大主题能落地生根。这也成为我参与报道始终秉持的构想和脉络。

著名城市研究学者芒福德在半个世纪前就曾说，这个世界实际上在很多方面已经变成了一个“城市”，人类社会正在成为城市世界。在复旦大学教授孙玮看来，城市本身就是重要的传播媒介之一，传播要创造具有地方感的特殊“地点”，要把媒介的理解扩展到实体空间，关注城市景观、空间布局对于城市公共交往的意义。

本次峰会选取西安作为举办城市，这与西安特殊的地理位置、人文历史和发展现状密切相关，这也促使我进一步试图勾勒西安的城市坐标，以及将西安视为媒介本身，去展示这一符号背后的意义。

在研读西安城市发展脉络的过程中，陕西分社首先组织参与记者系统学习了习近平总书记有关文化传承发展、文化自信等方面的论述，尤其系统梳理了习近平总书记历次考察陕西、西安等发表的重要讲话。我们看到，无论是在西安城墙还是西安博物院，总书记对于传统文化的保护和传承发展都尤为关切。

基于此，我们对这座古都的特质和发展脉络也逐渐清晰：古丝绸之路起点和向西开放的重要门户是其历史方位和时代方向；秦岭、钟楼、大雁塔、兵马俑等是其地标和外向化的景观符号；3100多年建城史、累计1100多年建都史是其文化的时间存在和表征；GDP过万亿和人口过千万，是其当下的城市动能体现。

勾勒城市，也是理解城市。此次报道前期，大量资料的收集、整理过程持续时间很长，但正是得益于此，我们对西安的理解也才更加深入，在此基础上更能为报道的视角提供丰富的“在地化”佐证和素材。

建构框架和选取要素

基于前期我们反复的研讨，我在报道中将城市文化、城市景观，以及城市和人的互动作为主要切入点，通过日常观察提取出表达城市的“文化自信因素”“城市发展因素”和“城市人文因素”等，尝试建构起国家叙事下的城市表达框架。

契合城市特质的要素选取十分必要。在与同事们多次讨论中，我们逐步确定从“以文化人”“以文化物”“以文化城”三个维度着墨，这既是因为文化是西安最负盛名和最值得称道的特质，也是西安与其他城市最具区别性的标志。尤其是无论置身其中的市民，还是前来游览的游客，感触都颇为深刻。

但是文化自信本身的抽象本质，就需要我们进一步通过具象化的内容进行阐述。我们反复琢磨后认为，以“诗意长安”“文物风貌”和“开放活力”为核心要素。之所以选择这三重要素，主要是因为：一方面，西安被誉为唐诗之城，《全唐诗》收录的 4.9 万首唐诗中，涉及长安的就超过 2 万首；另一方面，西安是名副其实的博物馆之城，活化利用文物古迹以及爆红网络的“不倒翁小姐姐”“盛唐密盒”等备受瞩目；此外，西安与“一带一路”沿线国家交往密切，“国际朋友圈”不断扩大。

另外，何以具象化表达城市内核是又一主要焦点。在具体写作时，古今交融以及传统文化和现代生活的契合点，是我们牢牢把握的核心，进而避免单向度解读和缺乏对当下的照看。

比如，在写作“诗意长安”部分，我们从秦岭脚下一处民宿切入，然后勾连白居易的诗歌，让古今之间完成勾连。然后进一步展示“一首首诗歌里，有长安的辉煌过往，有西安的活力今朝”这一主题。值得一提的是，我们不断从地铁站台的装修装饰、古都的寻常巷陌着手，来展示可见可感的诗意之城。在表达文物之“活”时，我们一以贯之，从最为大众熟知的文化场景切入，通过描写展示“创造性转化、创新性发展”这一主题，找到传统文化和现代生活的契合点。

从成稿和反馈而言，这些要素的选取能够较为恰当的阐述西安的文化特质，展现西安深厚的文化底蕴，也间接回答了“西安文化自信从何而来”，以及更宏阔的时代命题“何以充分运用中华优秀传统文化的宝贵资源”。

让"国事"更贴近生活

采写这篇稿件中，我们还特别关注将"国事""城事""家事"融汇其中，在稿件宏阔的视角下，通过细致入微的生活化观察，将大主题落实到日常之中，让稿件更具温度、更贴民心。

其方式之一，便是突出观者的感受。稿件采写过程中，我和同事去街头巷尾采访诸多普通市民、游客以及众多外国友人，倾听和吸纳他们对于一座城市的感知。

此外，我们组织了与文化学者、文旅干部的座谈，请他们讲述对于一座城市的见解。正是基于此，"古长安，是诗之'都城'；今西安，依然是一座可以吟着唐诗回家的城市"，以及"自信包容的城市文化气质，不仅留住了游客的脚步，也正吸引着世界的目光"等内容才跃然纸上，引起共鸣。

这样的视角和表达，也受到读者的相应反馈。正如读者在公共平台的留言："稿件没有一个难字，侃侃而谈，若拉家长"。

不仅是在采写"解码西安文化自信"一稿，在参与报道中国—中亚峰会的诸多稿件中，我们都注重融入市民视角，让稿件生发出浓浓的生活气息，避免出现疏离感。

例如，在《记者手记：在西安，感受千年古都的温度》一稿中，我们从普通人的生活切入，展示了温暖与周到、热情与活力、包容与开放的城市特质，这些特质让古都更添韵味。在《"感觉游客就没回去！"这座千年古都是如何维持文旅热度的？》一稿中记录游客感受，展现西安持续释放吸引力的客观现实。

一系列采写方式和角度的探索尝试给予我们更多启发，即越是宏阔的主题，越需要接地气的表达，也才能更加促使稿件抵达受众，实现传播效果。

新华社记者：张斌

沈水之阳，文脉悠长。

广袤黑土地，滔滔辽河水，哺育了沈阳这座雄浑硬朗的英雄城市，孕育了独具魅力的文化品格。

翻开沈阳的城市历史，三条文化脉络清晰展现——

7200 多年前的史前文化，2300 多年建城史，“一朝发祥地，两代帝王都”……历史底蕴如此深厚；

中共满洲省委旧址、抗美援朝烈士陵园、新中国审判日本战犯特别军事法庭旧址……鲜红底色分外闪耀；

灿若群星的劳动模范，扬眉吐气的大国重器，新中国工业史上多个“第一”……工业文明何其荣光。

这一切，沉淀在沈阳城市血脉中，形成了独特的文化基因和城市品格，滋养了一代又一代沈阳人。

沈水浩荡 文韵新

——解码古城沈阳的文化自信样本

2023 年 6 月 5 日拍摄的沈阳城市夜色。
（新华社记者杨青 摄）

浦发银行

文脉悠长：孕育城市气质

沈阳故宫大政殿。（沈阳市委宣传部供图）

沈阳城北，新乐遗址博物馆。

初夏的周末，孩子们来到这座7200多年前的人类遗址，在“考古”中“寻根”。

这座发掘于50年前的人类遗址，将沈阳有人类活动的历史推进到7200多年前。

观今宜鉴古，无古不成今。

从有人类活动史到建城，从沈州、盛京、奉天到沈阳……沧桑变迁，深深镌刻在城市的文化记忆中。

沈阳故宫、清昭陵、清福陵——三处世界文化遗产，见证着沈阳的厚重历史。

始建于1625年的沈阳故宫，是中国保存完好的两座古代宫殿建筑群之一，其文溯阁曾收藏一套完整的《四库全书》。一直以来，这里吸引着络绎不绝的中外游客。登临凤凰楼，举目远眺，沈阳半城尽收眼底，“于今试上高楼望，辽水依然襟带间”——乾隆当年的登楼感受，真实重现。

“沈阳故宫的价值早已不限于宫阙亭台，它更是中华优秀传统文化的见证，延续着历史文脉，承载着城市记忆，彰显着城市文化实力。”

沈阳市文化遗产保护研究会会长初国卿说。

在千载文脉的涵养下，沈阳孕育出厚重、自信、大气、创新的城市气质。

这些年，沈阳着力提炼楼体历史文化元素，保护性修缮历史风貌建筑，催生丰富业态：有着近 400 年历史的沈阳中街改造升级后，古色古香的商家门额牌匾与巨型 3D 立体大屏幕交相辉映，网红小吃与老字号风味同场竞逐、各美其美，城市活力扑面而来；有着同样悠久年头的沈阳老北市，抛圈杂耍、拉洋片、吹糖人、卖大碗茶等民俗场景被真实还原，历史遗存绽放新彩……

文化自信源于“古”，成于“今”。

沈阳歌舞团将辽博镇馆之宝《簪花仕女图》搬上舞台，让画中仕女跃出千年画卷；星罗棋布的城市书房，以独特品位吸引越来越多年轻人流连其中；沈阳故宫外，清文化元素主题咖啡馆里，凤凰楼造型的冰淇淋雪糕备受青睐，千余种具有沈阳故宫文化元素的文创产品的研发、推广，有效传播了历史和文化……

英雄热血：凝成城市品格

2020 年 9 月 28 日，第七批在韩中国人民志愿军烈士遗骸安葬仪式在沈阳抗美援朝烈士陵园举行。（新华社记者杨青 摄）

苍松翠柏间，沈阳抗美援朝烈士陵园，肃穆庄严。

这里长眠着邱少云、黄继光等家喻户晓的志愿军烈士。英雄的骨血与大地融为一体，凝结成这座城市鲜明的城市品格。

烈士陵园里，四季鲜花不断。“缅怀英烈，是这座城市70多年不变的传统。”沈阳市抗美援朝烈士陵园管理中心主任吴涛说。

天地英雄气，江河万古流。

2014年起，在韩志愿军烈士遗骸陆续迎回祖国，安葬于沈阳抗美援朝烈士陵园。每一次烈士“回家”，都牵动着沈阳市民的心。从机场到陵园，数以万计的沈阳市民自发肃立大街两旁，迎候烈士英灵，表达哀思与崇敬。

沈阳，曾是抗美援朝的后方、支援战场的前线。

当年，近4万辆满载人员和物资的车皮在这里编组、中转开赴战场；7400多名当地热血青年踊跃参军，跨江而去；无数工程技术人员冒着敌机的轰炸修复桥梁、保障运输线……“沈阳举全市之力抗美援朝、保家卫国。”沈阳市档案馆原馆长荆绍福说。

疾风知劲草，烈火见真金。

沈阳市和平区皇寺路福安巷3号，是中共满洲省委旧址。

“在中国共产党波澜壮阔的百年征程中，无数革命先辈在沈阳留下不朽印记，红色血脉根植在这座城市。”中共满洲省委旧址纪念馆馆长刘秀华说。

在这里，中国共产党点燃沈阳工人运动之火。

就在九一八事变爆发次日，全国第一份抗日宣言——《中共满洲省委为日本帝国主义武装占领满洲宣言》发出，吹响了武装抗日救亡图存的号角；在中国共产党领导下，沈阳爱国人士冒死搜集证据，将日本侵略罪行昭告天下；中国共产党接连派出大批骨干奔赴东北，在白山黑土间坚持武装抗日，长达 14 年……

从每年举办“勿忘九一八”鸣警撞钟活动，到寻访新中国审判日本战犯特别军事法庭亲历者；从重修周恩来“为中华之崛起而读书”旧址，到修复国难记忆坐标“北大营”……近年来，沈阳充分挖掘红色资源，加强红色资源保护，并通过互联网、数字化技术讲好红色故事，为英雄精神、红色基因注入新鲜血液、融入时代特质。

涵养英雄气，薪火传精神。

沈阳是雷锋工作、学习过的城市，他曾在这里度过 300 多天，雷锋精神深深地镌刻在沈阳城市精神中。

2023 年 6 月 6 日，一辆高铁列车在沈阳“九一八”历史博物馆旁经过。（新华社记者杨青 摄）

2023年2月28日，辽宁芭蕾舞团创排的以雷锋为主题的芭蕾舞蹈组诗《榜样》在辽宁大剧院上演，演绎了令许多学生难忘的“开学第一课”；以“雷锋”为名的沈阳出租车队连续10年义务为高考生提供应急保障服务；城市里建起了雷锋书店、雷锋公园、雷锋银行，群众性学雷锋活动红红火火……

“在红色文化和革命精神的弘扬传承中，沈阳汲取了巨大的奋进力量。”沈阳市委常委、宣传部部长于振明说。

劳模精神：铸造振兴气魄

市民在红梅文创园美术馆参观画展。（新华社记者杨青　摄）

沈阳铁西区，中国工业博物馆。

约 30 米高的铸造车间，巨大的冲天炉悬在半空，令人震撼。阳光越过馆内窗框，洒在纵横交错的钢铁轨道上……

在原沈阳铸造厂旧址建起的中国工业博物馆，浓缩了沈阳百年工业历程，记录了这座城市厚重的工业文化。

新中国第一枚金属国徽、第一台普通车床、第一个铸造用机械手、第一个自主研发的管模……“在贡献新中国工业史诸多‘第一’的过程中，沈阳形成了担当、奉献、报国的工业文化特质。”中国工业博物馆馆长王荣巍说。

1948 年 11 月 2 日，刚刚解放的沈阳百废待兴。在党的领导下，铁西区工人喊出“让工厂冒起烟来”的激昂口号，不分昼夜开足马力工作，以“蚂蚁啃骨头”的精神创造了一个又一个奇迹，将生产的大批工业品源源不断运往全国、运往前线，支援全国解放和新中国建设。

一部《铁西区志》，一阕英雄壮歌——

1956 年，全国先进生产者代表会议在北京举行，沈阳铁西区 46 人被授予“全国先进生产者”称号。

1957 年，铁西区生产的普通车床、凿岩机、滑翔机、橡胶船、25

吨塔吊起重机等一系列装备产品，均占全国份额 100%。

赵国有、马恒昌、尉凤英……一大批劳模闻名全国，独具特色的工匠精神和劳模文化，让这座城市熠熠生辉。

这种精神和文化，代代相传、历久弥新。

2012 年 11 月 25 日，在看着亲手打造的歼 – 15 战机在“辽宁舰”上成功着舰后，51 岁的沈飞集团公司掌舵人罗阳，突发心脏病，猝然离世，把生命写在了祖国的海天之间。

从航母舰载机批量列装到“蛟龙”号深潜，再到 150 万吨级乙烯压缩机组和完全自主知识产权重型燃机投产……从解决一个个从无到有，到实现一个个从有到强，新时代的沈阳，仍在不断地贡献“第一”、创造神奇。

斗转星移，时光流转。那些曾经为新中国工业作出贡献的厂区厂房、机器部件，沈阳人视为城市珍贵的“历史语言”和“文化表情”，倍加珍惜。

沈阳红梅味精厂曾是国内味精生产龙头企业，遗留的工业厂房被修旧如旧，“复活”为文创园，成为众多年轻人创业之地。

“那时火车拉来的是原料，拉走的是成品味精。如今，旧火车成了网红餐厅，旧厂区建起了味觉博物馆。”沈阳红梅文创园总经理孙明君说。

当年的沈重集团二金工车间，今天是1905文化创意园；当年的沈阳东贸库，今天是时代文仓城市书房；当年的沈阳砂布厂，今天是铁锚文创园……沈阳将历史留下的一批工业遗产转化为新时代的文化地标，赋予了新的生命。

“拍摄一张建筑照片、画出城市一角美景、唱出一段城市历史……这些年，我们以‘城市相册、城市画册、城市歌曲’作切入点，为更好传承城市文脉开辟了崭新视角。”沈阳市文联副主席王静介绍。

沈阳市文化旅游广电局副局长岳阳说，沈阳正加速拓展“文化+”维度，增强文化赋能效应，放大文化、旅游融合渗透功能。以新业态、新创意引领文旅融合，以人文经济新实践为振兴发展凝聚内在动力。

文化大河永流淌，沃土含英蕴华章。

新华社沈阳2023年6月13日电
新华社记者：曹智、徐扬、于也童
编辑：王曙晖、廖翊、杰文津

扫描二维码查看视频

记者手记

发现这座城市的根与魂

谈到沈阳，你会想到什么？冒烟的烟囱、共和国工业长子，还是一个又一个“新中国第一”？

在大多数人眼中，沈阳是一座钢筋铁骨的城市，远远望去，它似乎总是坚硬而冰冷。采写“解码古城沈阳的文化自信样本”这篇稿件，给了我们重新认识这座城市的机会。

当我们真正走进沈阳，用心感知、触摸它，不难发现，这座城市的根与魂，无一不浸透着文化的力量。这里不是人们刻板印象中的“文化沙漠”，而是曾飞出过新乐时期“太阳鸟”的“文化绿洲”。

来到沈阳，一定要逛一条街——沈阳中街。红墙绿瓦、树影斑驳中，这里既有昔日盛京的辉煌过往，亦有沈阳的活力今朝。

中街是沈阳市最早的商业中心，因其位于沈阳古城中央而得名，自开设以来已有近四百年历史。中街与沈阳故宫博物院、张学良旧居等历史名胜为邻。沈阳巷陌的精华，在这条古老的街区有着最为细腻、完整的表现。每一条老胡同都别有洞天，灯火通明的时尚小铺、令人味蕾大开的特色餐厅、装潢复古的茶馆水吧，流露出独属于沈阳的韵味与繁华。

在这块商业宝地，流金淌银的老字号、鳞次栉比的老建筑与繁荣兴盛的现代商贸、引领风潮的时尚潮玩完美契合，交相辉映。一条条弯弯绕绕的胡同如同根根血脉与中街相连，让这里饱含历史底蕴和文化元素，彰显着古城沈阳的厚重与活力。

来到沈阳，一定要去一座馆——中国工业博物馆。人们说，博物馆是一个城市的名片，更是城市的文化明珠，在这里，你可以跨越时空，触摸到城市的心跳。

走进中国工业博物馆，映入人们眼帘的是一个又一个新中国工业史上的第一，它们涌动着沈阳这座工业城市的血脉，浓缩着中国工业发展历史，闪耀着时代的光辉。

提起马恒昌、尉凤英，大多数年轻人感到陌生，但他们都是闪耀过沈阳历史的“明星”。在中国工业博物馆，我们可以看到他们的故事：新中国成立初期，全国劳动模范马恒昌领头的“马恒昌小组”，从 1950 年到 1978 年，29 年累计完成了 43 年零 10 个月的工作量，实现技术革新 840 多项；“铁姑娘”尉凤英白天生产，晚上在车间做试验。1953 年到 1965

年，共实现技术革新177项，用434天时间完成了第一个“五年计划”的工作量。

一批又一批这样的劳模，他们身上那爱岗敬业、无私奉献、锐意进取的优秀工业文化精神，正反哺当下老工业基地振兴。

伴随着城市更新，沈阳不少工业厂区因搬迁、关停、闲置，它们没有成为工业“锈带”，而是焕发出新的生机。在沈阳市铁西区，大批年轻人相聚在老红梅味精厂改造而来的红梅文创园“原料库 Live House”，把自己从忙碌的工作中暂时抽离，同“二手玫瑰”“隔壁老樊”一起，享受音乐的节奏和心理的放松。岁月流逝下，工业文化坚硬的棱角正变得圆润。

来到沈阳，一定要看一条河——浑河。浑河，又名沈水，曾是辽河最大的支流，沈阳的母亲河。千百年来，这条奔流不息的大河曾被诸多文人墨客歌颂，诗句中水势磅礴、人船往来，道出浑河两岸无尽风流。

文化因水而生，文脉以水相连。

7200多年前，浑河浩荡向西，新乐人畔河而居，刀耕火种，捕鱼狩猎；1625年，清太祖努尔哈赤踏过浑河迁都沈阳，拉开清王朝的序幕，加注了沈阳“一朝发祥地，两代帝王都”的底蕴……

如今，漫步浑河岸边，西峡谷公园、郎朗钢琴广场、沈水湾公园、长白岛森林公园……不仅沿河景点美不胜收，作为沈阳的品牌文化活动之一，八年来，浑河岸交响音乐节以多元、创新、包容的艺术品格，让高雅艺术广泛融入沈阳人的生活之中。

有人说，了解一座城市，最快的方式是用脚。如果你漫步沈阳街头，你会看到万泉公园内，古诗词彩灯在树梢枝头熠熠闪烁，以诗入景，一步一诗；你会看到沈阳抗美援朝烈士陵园，杨根思烈士的墓前，静静放着一架“歼－15”模型；你还会看到铁西区的斑马线画成了扳手的形状、防撞立柱被设计为螺丝钉形象，工业文化正与城市深度交融。这是城市的语言，是城市的表达方式。

直到完成“解码古城沈阳的文化自信样本”这篇稿件之时，才恍然发现，我们对自己生活、工作的城市既了解，又陌生。

沈水浩荡文韵新。

我们的每一次倾听，都能读懂它与众不同的过往；每一次走访，都能更深入了解它；每一次触摸，都能更清晰地感知城市肌理的力与美。随后，我们将真正发现，独属于沈阳的根与魂，深刻感受到文化的力量。

新华社记者：徐扬、于也童

“城门城门几丈高，三十六丈高，骑马马坐轿轿，城门底下走一遭……”

在重庆巴蜀小学，唱着这首童谣做游戏，是孩子们喜欢的课前活动之一。学校不远处是保存至今的明代城门通远门和城墙，孩子们的歌声萦绕门墙，连接古今。

重庆，山环水绕、江峡相拥，人文荟萃、底蕴厚重。这座历史文化名城迄今已建城 3000 余年，孕育出巴渝文化、三峡文化、抗战文化、革命文化、移民文化等。

党的十八大以来，重庆全面加强中华优秀传统文化保护传承，守护历史文脉，建设古风新韵交融的城市；传承红色基因，培育为幸福生活奋斗的城市气质；弘扬开放精神，打造汇聚全球资源的内陆开放高地。

文润山城
气自华

——解码山城重庆的文化自信样本

从南山上的重庆南岸区黄桷垭老街俯瞰山下的重庆城区。（新华社记者刘潺 摄）

古风新韵：成就独特魅力

游客在重庆山城巷游览。（新华社记者王全超 摄）

清晨，山城巷，67岁的市民周英碧吃过一碗面，在家门前的巷道里摆上两张桌子。她在这里住了几十年，退休后开了家“周姐小吃店”，卖冰粉、凉虾、小面、酸辣粉等小吃，向来巷子拍照“打卡”的游客讲这里的故事。

山城巷面江临崖而建，是重庆唯一一条以“山城”命名的街巷。临江的石梯步道，一边是壮观的长江大桥、高耸的楼宇大厦，一派现代气象；另一边则是传统吊脚楼民居、百年宅邸老建筑，以及“摆龙门阵”的老街坊、吃着火锅看川剧变脸的游客，留住过往时光。

在重庆中心城区，遗存着大量明清、近代以来老建筑、老街区。重庆将这些历史文化街区、传统风貌区作为城市文化传承的毛细血管予以保护修缮，提升功能。

重庆史研究会会长周勇说，这一座座老建筑、一段段石板路、一棵棵黄葛树，仿佛一扇扇历史的记忆之门。

对于跨越历史长河的文化遗产，重庆人特别珍爱。

从事石窟文物修复近30年的陈卉丽，正带领文物修复团队，对世界文化遗产大足石刻宝顶山圆觉洞的顶部进行加固。

大足石刻始凿于初唐，兴盛于南宋，现存造像5万余尊，是中国石窟艺术的重要代表。新中国成立后，一代代文物工作者接续奋斗，守护这份遗产。2015 年 6 月，历时近 8 年的千手观音造像抢救性保护工程竣工，800 多岁的千手观音造像涅槃重生。

“当看到修复好的千手观音造像金光再现的那一刹那，我觉得所有的艰辛付出都有了回报。”陈卉丽说。

重庆奉节有“诗城”美誉，我们从“诗仙”李白“朝辞白帝彩云间，千里江陵一日还”的背后知道了它，更从“诗圣”杜甫“无边落木萧萧下，不尽长江滚滚来”的名句中感受着它——历代文人墨客在此留下众多优美的诗篇。

78 岁的本地居民赵贵林对三峡文化有着特别的感情，自费修建了诗城博物馆。馆内展出他多年收集的汉代瓦当、老城历代古砖、明清石雕，以及国内外艺术家在奉节留下的摄影、书画作品等。“这些东西，真实地记录着我家乡的历史和文化。”赵贵林说，他们目前正在研究整理晚清民国时期奉节知名文人张朝墉的诗歌。“张朝墉是在三峡地区作诗最多的诗人之一，我们已经收集了 1700 多首。”

古风与新韵水乳交融，历史与现代守望相拥，成就重庆魅力。

红岩精神：塑造山城气质

2021 年 5 月 1 日，在重庆渣滓洞看守所旧址景区，一名游客为烈士献花。（新华社记者黄伟 摄）

“风在吼，马在叫，黄河在咆哮……”1940年，中国共产党领导的“孩子剧团”在重庆唱响《黄河大合唱》。这歌声唱出民族精神、气魄和力量，激发了广大同胞同仇敌忾抗战图存的决心。

1942年4月，郭沫若创作的话剧《屈原》在重庆国泰大剧院上演，公演17天，场场爆满。剧中屈原独白《雷电颂》传诵一时，重庆大街小巷，到处可以听到有人朗诵台词：“爆炸啊，你从云头滚下来吧！”

郭沫若、茅盾、巴金、老舍、曹禺、徐悲鸿、冰心……抗战时期，一大批文化名人辗转来到山城，并创作出大量名作名篇。从来没有一个时期、一个城市承载了如此多的大家，他们用满腔愤怒与热情投身抗日救亡运动之中。

在中国共产党的领导下，抗战文化运动在重庆蓬勃发展，传递着中华民族不屈的意志、必胜的信心。

“重庆是全国保存抗战遗址最多的城市，涵盖外事机构、军事建筑、名人旧居等。现存395处遗址得到了有效保护。”周勇说，这些抗战遗址是重庆历史文化资源的重要组成部分，也是中华民族的宝贵遗产。

在重庆红岩村中共中央南方局暨八路军重庆办事处旧址门前，一张拍摄于1940年的照片总是令游客驻足细看。讲解员告诉游客，照片中的重庆刚刚经历了日军数小时的密集大轰炸，一颗炸弹就落在办事处前不远处。“空袭警报解除后，周恩来站在被震坏的楼前鼓励大家，他告诉大家，日寇企图用轰炸来摧毁我们的抗战意志、迫使我们屈服投降，这是办不到的。”讲解员说，当时他特意让办事处工作人员拍下了这张珍贵的照片。

重庆，书写了中华民族全民抗战、救亡图存的壮烈，也激荡着中国共产党人为民族解放、人民幸福献身的浩歌。

“红岩上红梅开，千里冰霜脚下踩……”

重庆歌乐山烈士陵园，在苍松翠柏掩映中显得庄严肃穆，前来祭奠、献花的市民和游人常年不断。相距不远的渣滓洞、白公馆监狱旧址，见证了革命志士进行的英勇斗争和伟大牺牲。

重庆红岩革命历史博物馆党委书记朱军说，重庆是红岩精神的发源地，红岩精神植根于重庆悠久的历史文化和光荣的革命传统，植根于伟大建党精神，是最具辨识度的重庆人文精神标识，“传承弘扬红岩精神，就是不忘昨天的苦难辉煌，无愧今天的使命担当”。

全国脱贫攻坚楷模、重庆市巫山县竹贤乡下庄村党支部书记毛相林，就是传承红岩精神的代表。

2021 年 1 月 7 日，毛相林在下庄村采摘柑橘。（新华社记者王全超 摄）

1997 年，毛相林带头签下“生死状”，誓言“路不通，不罢休”，带领村民历时 7 年，在绝壁上凿出了一条 8 公里长的出山公路。“山凿一尺宽一尺，路修一丈长一丈。这辈人修不出路来，下辈人接着修，抠也要抠出一条路来。”毛相林以“愚公移山”之志，实践着共产党人为人民谋幸福的初心和使命。

2022 年 8 月，在肆虐的重庆山火面前，专业救援队伍、普通市民志愿者等众志成城，勇战火魔。无数的凡人微光聚拢成灿烂星河，展示出团结一心、守望相助的优良传统。

……

爱国情怀、红岩精神，深深浸透山城土地，滋养山城英雄，化作实现中华民族伟大复兴巨大动能。

『朝天』之志：打造开放高地

长江、嘉陵江两江交汇的重庆朝天门在夜幕下灯火璀璨。
（新华社记者唐奕 摄）

长江南岸南滨路，中西合璧的历史建筑群组成重庆开埠遗址公园，见证着重庆近代开埠历史。

重庆，曾是长江上游最早开埠通商的港口之一。位于长江、嘉陵江交汇处的朝天门，曾是老重庆17座城门中规模最大的一座。朝天门码头，商贾云集，是过去乘船出川的要道。

早在1889年，以开采煤矿发家的重庆奉节人邓徽绩远渡日本经商，与人合办了一家名叫森昌泰的火柴厂。两年后，他把整个工厂搬到中国，在重庆建立森昌火柴厂。《重庆开埠史》记载，这是长江中上游地区第一家近代民营工厂。

1922年末，29岁的卢作孚从重庆朝天门码头登船沿江而下，寻找救国答案。他在上海、南通拜会了黄炎培、张謇等人，考察教育和实业，坚定了发展航运、实业救国的信念。

四年后，也是在朝天门码头，卢作孚创立的民生公司的第一条轮船“民生号”起航，首开川江航运史上定期客运先河。抗战时期，民族危亡之际，民生公司的一艘艘轮船源源不断抢运大批工厂设备、物资和人员到抗战大后方，为抗战提供了有力支持。

西南大学教授、中国现代史学会副会长潘洵说，重庆是一座移民城

俯瞰重庆果园港。（新华社记者王全超 摄）

市，开放包容是这座城市典型的文化特征。走出闭塞盆地、冲出峡江的进取心，伴随着这座西部山城的历史。

如今，朝天门依然是重庆通江达海的开放之门。自朝天门码头顺江向东，一座国际化的内河多式联运枢纽港果园港，正日夜不息运转。

依托长江黄金水道、西部陆海新通道、中欧班列（成渝）等国际物流大通道，短短几年时间，该港从传统内河港口升级为长江上游联通全球的“中转站”，货物可通达全球100余个国家和地区的300余个港口，大大拉近了西部内陆与世界的空间距离。

牢记习近平总书记“努力在西部地区带头开放、带动开放”的嘱托，重庆从内陆腹地走向开放前沿，新观念在形成、新资源在汇集、新枢纽在牵引。

纳百川，破夔门，向大海。新时代的山城重庆，正以前所未有的文化自信风貌，奏响高水平对外开放新乐章。

新华社重庆2023年6月13日电

新华社记者：李勇、张桂林、周文冲

编辑：王曙晖、廖翊、杰文津

扫描二维码查看视频

记者手记

一次文化寻根之旅

"你觉得过去历史上重庆最辉煌的是哪个时期？"一位文化学者，向我抛出这个问题。

近代民国时期，我说。

这当然只是我个人的见解。但城市文化，却总有其历史辉煌时期的印记。一座城市，往往愿意反复回味高光的时刻，从中提取文化元素。

对于重庆来说，近代开埠后，城市地位上升，一跃成为中国西部最现代化的都市；抗日硝烟四起，又进一步成为战时首都，并奠定了近代重庆城市的基础。

从光辉岁月出发，结合三千余年建城史，学者将重庆的历史文化提炼为巴渝文化、三峡文化、抗战文化、革命文化、移民文化、统战文化六大历史文化。

我们的解读文字也以这六大历史文化为蓝本，试图从传承至今的历史建筑、文艺作品中，从一段石板路、一棵黄葛树的现实生活中，打开历史的记忆之门，找寻与当下的连接。

近代到抗战这段时期，从时间维度上距今不远，从空间维度上集中于重庆中心城区，是我们观察的重点，占据了相当的篇幅。

有幸的是，这座城市遗存的一些近代民国时期的历史建筑，让我们对城市文化有了可以触摸的感知。重庆也是全国保存抗战遗址最多的城市。在城市的拆建之中，历史和传统得以部分保留。这也成为重庆城市建筑的特色——新旧错落、古今交融。一些来重庆取景的电影，也是看中了重庆这种“混搭”的气质。

我们的写作从历史建筑切入。从清晨的山城巷，到红岩村八路军重庆办事处旧址；从开埠遗址到朝天门码头，历史建筑贯穿文中。这些老街区、老建筑如同城市文化传承的毛细血管，延续着城市文脉。选择写这些建筑，因为它们正是重庆人的性格、重庆的人文精神的代表。

在山城巷，爬坡上坎的出行方式，正契合了重庆人跋山涉水、忍辱负重、乐观豁达、迎难而上的性格特征。出生在重庆老城十八梯的翻译家杨武能说，爬坡上坎，让重庆人骨子里有一种坚韧和执着。“回家走到一半能不走了吗？不能啊，一定要走到顶上去。”

在红岩村，红岩精神凝聚出城市的英雄气质；开埠遗址和朝天门码头，则反映出城市走出盆地、冲出峡江的开拓进取之心。我们不想就建筑写建筑，就文化写文化，我们更想写的是在历史文化等塑造下，城市中人的性格与人的日常生活。

所以，文中就有了在山城巷摆摊的周嬢嬢，痴迷于研究三峡文化的赵贵林，“当代愚公”毛相林，山火面前的普通市民志愿者……从解读一座城市文化自信的高度来说，他们可能不登大雅，但如果没有人，城市的讲述难免陷入生涩。

另一个观察文化自信的角度是文艺作品。中国石窟艺术的丰碑大足石刻，李白、杜甫等文人墨客在重庆写下的诗篇，抗战时期辗转重庆的一大批文艺大家创作的名作，这些作品成为中华民族的文化瑰宝，滋养了一代代人。

这一次写作，也让我们更深度了解自己居住的这座城市的文化与历史。采访中我们看到，当地政府比过去更加重视这些自己城市独有的历史文化资源，保护下来的遗址也得到合理的利用：在抗建堂剧场看一场话剧；在徐悲鸿旧居石家花园参观一次画展；在《挺进报》旧址品一杯咖啡；漫步在“重庆谈判”所在地中山四路，“打卡”树根伸出墙面的老黄葛树……老建筑和“潮生活”相得益彰，共同构成了这个城市新的文化标识。

有人说，重庆没有文化。我们在写作时却发现，想在两三千字的篇幅中对重庆城市文化和人文精神掇菁撷华仍有难度。取舍之间，总有遗憾，成稿也稍显仓促。期待今后可以更深入、全面地研究重庆城市文化，精心打磨，为城市、为时代、为人民书写更好的作品，与读者诸君重逢。

新华社记者：周文冲

杭州西湖边的公园里，出生于 13 世纪中期的意大利人马可·波罗雕像静静矗立。雕像的基座上刻着这位旅行家对 13 世纪末杭州城的印象：“杭州是世界上最美丽华贵之天城。”

三秋桂子、十里荷花、烟柳画桥、十万人家……千百年来，杭州以“山水登临之美，人物邑居之繁”享誉四方，勾留下无数文人墨客，营造出世代名城繁华。

习近平总书记曾多次就杭州的文化传承、生态保护、城市治理等方面作出重要指示，擘画出这座历史文化名城的发展蓝图。

沿着总书记指引的方向，杭州赓续千年文脉、凝聚高质量发展澎湃动能，向世界展示自然风光与人文景观相互融合、经济繁荣与人文发展交相辉映的新时代盛景。

『人间天堂』今更盛

——解码名城杭州的文化自信样本

晨曦中的杭州西湖景区，雷峰塔沐浴在晨光中
（2020 年 7 月 7 日摄）。（新华社记者徐昱 摄）

天堂之城 人文荟萃

2023 年 4 月 2 日，西溪湿地，宋韵花朝节。（新华社记者翁忻旸 摄）

杭州城北，良渚港畔。

曾经的一处废弃采石场上，国家版本馆杭州分馆“文润阁”尽显宋韵之美。2022 年 8 月开放至今，该馆已累计接待参观者 40 多万人次。此外，良渚博物院、良渚古城遗址公园等也都位于这一区域，一条“良渚文化大走廊”逐渐成形。

距此 1 小时车程外，杭州钱塘元宇宙新天地产业园拔地而起。这里锚定城市高质量发展新赛道，围绕元宇宙核心底层技术和新型应用场景，引进培育大批面向未来的科创企业。

“潮起之江，千古风流。”人文荟萃，自古便是杭州发展的“底气”和“底色”。

自秦朝设钱唐县算起，杭州已有 2200 多年历史。公元 610 年，江南运河被重新疏通并纳入中国大运河系统，杭州成为“咽喉吴越，势雄江海，骈樯二十里，开肆三万室”的商贸都会。

物华天宝，自然人杰地灵。

于是，杭州便成了李太白笔下的“挥手杭越间，樟亭看潮还”，白居易心头的“山寺月中寻桂子，郡亭枕上看潮头”，苏东坡眼里的“欲把西湖比西子，淡妆浓抹总相宜”，还有陆游手中的“矮纸斜行闲作草，晴窗细乳戏分茶”……

“西湖，遍地是名人、遍地是文物、遍地是诗歌。”杭州亚运会设计总监、中国美术学院教授宋建明说，正是这汪碧水，构建起无数文人心灵栖居的精神家园。

今天的杭州人，依然能够乐享千年文化的熏陶，从中汲取精神滋养。“弄潮儿向涛头立，手把红旗旗不湿。”南宋时，农历八月十八被正式定为观潮节，直至今日，中秋佳节前后，仍有四海的宾客蜂拥而至，争睹钱江潮奇观。

“读白居易写下的诗，走苏东坡走过的桥，品陆游品过的茶……”具有浓郁杭州特色的传统文化生活，在老百姓的日常生活中生机勃勃。

浙江大学教授黄健说，改革开放特别是“八八战略”实施以来，杭州不断夯实物质基础、扩大人文优势，持续推动城市文化从“软装潢”变成“软实力”。

十余年来，杭州文化产业一直保持快速发展，2022 年全市文化产业增加值达 2420 亿元，占全市 GDP 比重 12.9%，成为经济发展重要支柱产业。2023 年“五一”期间，杭州全市各景区景点共计接待游客 1074.33 万人次，同比增加 213%。

2023 年 4 月，杭州万事利丝绸特制的“亚洲之花”丝巾，成为赠予杭州亚运会代表团团长们的“见面礼”；源自杭州径山寺的茶文化，深刻影响了日本的茶道；杭州西湖龙井茶叶誉满神州……

“杭州的经济发展始终坚持与文化保护、繁荣同步提升。”浙江省委常委、杭州市委书记刘捷说。

城以盛民 民因城盛

2023 年 4 月 26 日，杭州奥体中心体育游泳馆与杭州奥体中心体育场。（新华社记者江汉 摄）

《说文解字》记载：城，所以盛民也。

自古以来，“以人为本”的文化基因就深深印刻在杭州的治理逻辑中。

防洪筑堤、疏浚河道，千百年以来，多位名宦良牧主政杭州，留下了一段段造福百姓的佳话：唐刺史袁仁敬发动人们种树，九里云松的景象保留至今；中唐名相李泌引湖水入城，建六井以利民；任官三年，白居易疏浚西湖、兴修水利，使百姓受益。

守正而不守旧，尊古而不复古。今日杭州，城市建设尊重客观规律、饱含人文情怀。

杭州，连续16年蝉联中国“最具幸福感城市”，在人情味、治安、文化底蕴、文明程度等评价指标中始终以高分名列前茅。独特的人文气质和历史文化底蕴，成为这里吸引各方人才的重要因素。

“这里是一个能够让生存和生活合为一体的地方，有古典韵味又有创新活力，周末图书馆里全是看书的年轻人。”杭州宏杉科技股份有限公司员工陈明霞说。

“八八战略”实施以来，杭州更加重视城市的“人民属性”，注重发挥城市的人文优势，以不断满足人民日益增长的美好生活需要作为城

2023 年 6 月 5 日，游客在杭州西湖景区北山街游览，远处为断桥。（新华社记者黄宗治 摄）

市发展的出发点和落脚点——

以"两山"理念为指引，撬动人与自然和谐共生的生态文明建设，打造美丽中国生动样本。

在西溪湿地生态文化研究中心副主任刘想眼中，西溪的保护是一篇可以获得"甲等"的好文章：约 11.5 平方公里的湿地成为"城市之肾"，周边是高教密集区、休闲旅游区和高新技术产业集聚区，这个大自然的课堂还吸引了大批学生上科学课。

"杭州把保护好西溪湿地作为城市发展和治理的鲜明导向，统筹了生产、生活、生态三大空间布局。"刘想说。

钱塘江两岸，"不毛之地"上崛起的文化新地标和城市经济新的"增长极"。以"莲花碗"为代表的杭州亚运会体育场馆蓄势待发，迎四海宾客。"莲花碗"对面，占地面积 19 万平方米的 G20 杭州峰会主场馆国际博览中心，已成游客观光打卡的"网红景点"。

"从还湖于民、还河于民、还江于民，到问情于民、问需于民、问计于民、问绩于民，我们始终坚持一切为了服务人、满足人、激励人、培养人，让市民群众成为城市建设的参与者、评判者、获益者。"杭州市委常委、秘书长朱华说。

文质彬彬 行稳致远

2023 年 6 月 6 日，游客在参观南宋德寿宫遗址博物馆。（新华社记者徐昱 摄）

岳飞庙、于谦祠、秋瑾墓，青山有幸埋忠骨；"五四宪法"诞生地、爱国卫生运动纪念地，中国空军抗战首捷地，长空无言证国魂……

"先天下之忧而忧，后天下之乐而乐"的家国情怀，经由历史文脉沉淀在杭州的时代记忆中，融化在杭州人民的血脉基因里。

文质彬彬，然后君子。一系列"最美"现象，成为杭州精神文明建设成果的最佳注脚，生动体现了社会主义核心价值观与中华民族传统价值取向的有机结合——

斑马线上，两侧车辆安静等候，行人快速通过。截至2023年5月，杭州市区主要道路斑马线前的礼让率已达94.86%，公交车礼让率达99%。

"最美妈妈"吴菊萍、"最美司机"吴斌、"最美爸爸"黄小荣……2013年以来，杭州每年举行"最美人物"、平民英雄、道德模范等评选活动；"礼让斑马线""孝心车位""爱国主义红色公交专线"……一个个文明实践品牌润物无声，让杭州成了一座温暖的善意之城。

勇立潮头，敢为人先。新时代的杭州更是一座"未来之城"。这里正持续探索推动中华优秀传统文化实现创造性转化、创新性发展的创新举措，给世人展现出一幅在人文熏陶中美丽发展、在经济发展中更加

美丽的神韵画卷。

——杭州努力让历史文化遗产活起来，精心书写古韵新章。中河岸边，南宋德寿宫遗址博物馆再现一抹宫墙红；拱宸桥畔，江南古运河文化实景演出让游客如醉梦中。

聚焦“文化惠民”，杭州开发“文化优享”公共文化服务数智应用大场景，纵贯省市县乡村五级，横跨宣传、文旅等近20个部门，点单式配送演出、培训等文化服务，促进公共文化服务精准匹配、优质均衡、共建共享。

——杭州城南的跨湖桥遗址博物馆里，一条独木舟在遗址厅里静静停泊。它长约5.6米、最宽处约52厘米、厚约2.5厘米，距今已有约8000年历史，号称“中华第一舟”，是远古弄潮儿出没风波里的实证。

相邻的白马湖生态创意城，充分发挥国家文化产业示范区的社会引领示范效应，借助中国动漫博物馆、中国网络作家村、中国国际动漫节等国字号文化品牌，突出“文化+科技”的深度融合发展。

杭州市委常委、宣传部部长黄海峰说，新一轮科技革命正在加快重塑传统文化业态。杭州将深入实施文化产业数字化战略，积极壮大数字内容、影视生产、动漫游戏等优势产业，用数字化手段全方位展示杭州文化的魅力。

正如杭州亚运会会徽“潮涌”：绿水青山的自然风貌、诗画江南的人文底蕴、勇立潮头的精神气质，“人间天堂”杭州，正以“不负历史、面向未来”的文化自信，担当新时代的文化使命，吸引世界在中国的这扇“窗口”凝神驻眸。

新华社杭州 2023 年 6 月 14 日电
新华社记者：郐焕庆、袁震宇、俞菀、冯源、马剑、王怿文、徐中哲
编辑：王曙晖、杰文津、廖翊、王洪流

扫描二维码查看视频

记者手记

沿着总书记的足迹感受“最熠”杭州

江南忆，最忆是杭州。

这座被誉为“人间天堂”的城市，为何能让无数人流连忘返？她有“弄潮儿向涛头立”的雄壮，也有“淡妆浓抹总相宜”的婉约。她的发展从未丢掉文化的灵魂：自然风光与人文景观相互融合，经济繁荣与人文发展交相辉映。

“杭州是创新活力之城，电子商务蓬勃发展，在杭州点击鼠标，联通的是整个世界。杭州也是生态文明之都，山明水秀，晴好雨奇，浸透着江南韵味，凝结着世代匠心。”2016 年 9 月 3 日，习近平总书记在杭州 G20 工商峰会上，曾这样推介他工作生活了 6 年的城市。

2020 年 3 月 29 日至 4 月 1 日，习近平总书记再度来到浙江、来到杭州考察。总书记强调，要把保护好西湖和西溪湿地作为杭州城市发展和治理的鲜明导向，统筹好生产、生活、生态三大空间布局，在建设人与自然和谐相处、共生共荣的宜居城市方面创造更多经验。

从“最忆”杭州到“最熠”杭州，有着 2200 多年历史的天堂之城得以实现“今更盛”，是因为由习近平总书记的思想做引领，杭州的历史文化做铺垫，浙江的现代文明做基础。

在浙江工作期间，习近平曾对文化宣传部门的同志说，“城市化率不断提高意味着农村变城市，意味着现代化的过程，但是在这个过程中，也隐藏着对文化遗产进行破坏的危险，在现实中就存在着对城市文化个性的轻视甚至埋没，造成文脉的断裂，造成‘千城一面’的现象。”习书记特别强调，在发展经济推进城市化建设的过程中，要高度重视历史文化遗产的保护，“只有我们每个人都关心和爱惜前人给我们留下的这些财富，我们民族的精神和独特的审美情趣、独特的传统气质，才能传承下去。”

正因为如此，今天的杭州人依然能够享受千年文化的熏陶，汲取精神文明的滋养。

坐拥西湖、大运河（杭州段）、良渚古城遗址三大世界文化遗产，浙派古琴、杭罗织造技艺、清水丝绵制作技艺、金石篆刻、传统制茶技艺及其相关习俗等非物质文化遗产，还有胡庆余堂、张小泉、西泠印社、知味观、王星记等杭州传统老字号品牌……“读白居易写下的诗，走苏东坡走过的桥，品陆游品过的茶”，具有浓郁杭州特色的传统文化生活，在这里依然保留得完整和完善。

西湖，遍地是名人、遍地是文物、遍地是诗歌。正是这汪碧水，构建起无数文人心灵栖居的精神家园。

2002 年，西湖综合保护工程启动。11 月 28 日，习近平考察杭州的第一站，就选在了西湖。当时，西湖综合保护工程提出“西湖西进”，引发争议。因为早在 1999 年，西湖就已被列入我国世界遗产申报的预备名单。此时再对西湖风貌进行大改动，真的靠谱吗？

站在杨公堤新西湖景区建设工地现场，习近平仔细看着规划图纸。望着眼前一片水光潋滟的湖光山色，习近平看到的却是更辽远的未来。他对大家说，历史文化名城是杭州的“灵魂”，西湖是杭州的“生命线”，西湖综合保护工程是德政善举、得民心之举。

这种执政理念和方略，深刻影响了历任杭州地方官员，造就了这座城市经济发展与文化保护、繁荣的同步提升。正如一位地方官员在接受采访时说，对杭州这座城市“形与神”的塑造，有着不变的坚持。“以人民情怀做的决策，一定会有生命力和可持续性，阻也阻不断。”

2016 年，杭州成为全国省会城市中首个“国家生态市”，2011 年成为“全国文明城市”，连续 16 年蝉联“中国最具幸福感城市”……在杭州采访有一种突出的感受，这座城市有着令人“一见钟情”的魅力。这种“一见钟情”的背后，是未曾断裂的千年文脉所激发的情感共鸣，更是精神价值层面的集体无意识。

在谈到浙江文化精神时，习近平曾深有感触地说：“浙江的发展之所以取得如此辉煌的成就，取决于很多因素，最根本的还是人的因素，确切地说是文化的因素在起作用。”

可见，在研究一座城市的发展进程时，在评估一座城市的高质量发展成效时，不仅要从土地、资本等物质资源层面去考量，更应该从人的角度、文化的视角去考察。

从还湖于民、还河于民，到问情于民、问需于民、问计于民、问绩于民，杭州这些年的发展始终坚持一切为了服务人、满足人、激励人、培养人，让市民群众成为城市建设的参与者、评判者、获益者。打造文化品牌优势就是营商环境优势，努力给予企业和个人参与地方经济社会发展全过程的机会，在医疗、教育、休闲、娱乐等方面做好规划配套……

寻找一座城市治理逻辑中的“以人为本”，考验的是我们能将一座城市的变动放在多大尺度的背景下进行观察与思考的能力。而述说一座城市的文化自信，绝不仅仅只是贩卖山水或人文资源禀赋，而是要去发掘一方水土润养的独特精神气质，去阐释文化与政治、经济、社会、生态发展深度交融的文明形态。

新华社记者：俞菀、马剑

六朝古都，十朝都会。南京，2500 年建城史、450 年建都史，丰厚的文化积淀和独特的人文景观，让这里成为承载中华文明的一个醒目坐标。

漫步南京，秦淮河畔的烟雨中，有才子佳人深情缱绻；溯江放眼的慷慨里，是风云变幻虎踞龙盘。站在六朝博物馆，近观可俯瞰 1700 年历史的建康城考古遗址，远眺能看见 600 年历史的明城墙巍峨矗立；夫子庙文化街区，始建于明代的“天下文枢”牌匾，不仅是当下“顶流”打卡地，更是这座城市人文底蕴的生动注释。

习近平总书记在文化传承发展座谈会上强调，要坚定文化自信、担当使命、奋发有为，共同努力创造属于我们这个时代的新文化，建设中华民族现代文明。

沿着总书记指引的方向，文学昌盛、人物俊彦、山川灵秀的古都着力赓续文脉，激扬时代精神，谱写现代化南京的今日华章。

『文枢』焕新耀金陵

——解码古都南京的文化自信样本

阅江楼及南京城市景色。（新华社记者季春鹏 摄）

汲古润今，一脉书香传千古

南京夫子庙景区内的“天下文枢”牌匾。（新华社记者李博 摄）

"三山半落青天外，二水中分白鹭洲。"教师徐正一边带领孩子们吟诵李白的《登金陵凤凰台》诗句，一边利用"元宇宙生态平台"引导他们沉浸式体验诗中描绘的山水景致。这堂面向南京全市中小学生的"鸡笼山下文学课"，至今已上了约百期。

回眸史海，1500多年前，中国第一座文学馆就诞生于南京鸡笼山下。此后，这里孕育出影响深远的诗歌理论和批评专著《诗品》、家喻户晓的儿童启蒙读物《千字文》……书香氤氲，悠远千年。

观今宜鉴古，无古不成今。昔日文气沛然的"天下文枢"，今天已是联合国教科文组织评定的"世界文学之都"。曾为高门显贵独享的"第一等好事"，如今也早已随着王谢堂前燕，飞入寻常百姓家——亲近书香，已成为南京城的城市气质、南京人的生活乐事。

随着"文学赋能计划"启动，众多具有城市特色的文学空间在南京应运而生。其间，你也许可以邂逅正喝着咖啡构思新书的作家，或者偶遇畅谈紫金山历史的学者，又或者与其他的爱书人倾盖相交。截至目前，南京有近900家阅读组织，每年举办各类阅读活动1.5万余场，居民综合阅读率达96.53%，每天阅读1小时以上人数超六成。

除了"文字书"，还能读"文物书"。南京城墙博物馆在外立面幕

游客在南京夫子庙景区参观游玩（2023 年 6 月 12 日摄，无人机照片）。（新华社记者李博　摄）

墙中融入最新科技，实现光影重合、古今同构。白天，你站在城墙上看风景，看风景的人在博物馆里看你。

如今，“到博物馆去”“听博物馆说”已成“金陵风尚”。截至目前，南京共有登记备案博物馆70座，国家级博物馆15座；南京图书馆的631部藏品入选国家珍贵古籍名录……这些珍贵的文物与典籍，成为串联城市历史与现实、时代文脉与人心的文化枢纽。

在著名城市商圈新街口，商业地标德基广场的顶层是近万平方米的艺术博物馆；由此向东，中央美术馆、江宁织造博物馆等历史文化地标串珠成链。入夜，金陵小城灯火璀璨，演员身着古代服饰，展示精美绝伦的云锦制作场景；不远处的文心馆里，孩子们体验云锦、绒花、金箔等非遗制作……

在系统保护历史文化区、风貌区基础上，南京2023年2月出台的《关于加强保护传承营建高品质国家历史文化名城的实施意见》明确，构建“古都为核、江河融汇、城丘绿间、多心辉映”的城市格局，保护历史地段的肌理、尺度和环境特征，构建融入当代生产生活的历史文化线路、廊道和网络，古都气、风雅气、市井气交织成多元共生的活力南京。

“南京是一本可以随时打开阅读的书。”先锋书店创始人钱小华说。

守正创新，俊采星驰今胜昔

位于江苏省南京市的秦淮硅巷青年创新港。（新华社记者李博 摄）

长江万里，支流数百，而秦淮河因“文”著名，因“文人”兴盛。

“秦淮河畔的江南贡院自建成到科举废止，共走出 80 多名状元、1 万余名进士。江左英才，斯文在兹。”南京中国科举博物馆馆长冯家红说。

昔日江南贡院所在地，如今高等学府云集。南京有 53 所高校，包括 13 所“双一流”建设高校，在宁两院院士 96 人，每 10 万常住人口中拥有大学文化程度 3.52 万人，均位居全国前列。

科教资源丰富，成就了南京在“人才第一资源”上的独特优势，也为创新第一动力提供了丰沛的内劲。2021 年，南京获批建设引领性国家创新型城市。全域创新、协同联动、产城融合，南京加速构建科创新格局。

绿窗朱户，两岸交辉。如今的秦淮河畔，最前沿的创新思绪在典雅古朴的传统建筑中萌动。

丰疆智能科技股份有限公司专注于农业物联网，新研发的农机智能驾驶系统销往全球。该公司的办公空间就在明城墙下，老旧厂房变身创意工坊，锯齿式屋顶、传统花窗与现代办公设备相映成趣。丰疆智能市场总监汤小婷说，这种具备独特文化美感的办公环境，让海内外来此洽谈业务的客户艳羡不已。

而在由一批老旧楼体更新转变而来的"秦淮硅巷"里，集聚了科技型企业1210家，物联网、通用航空、智能制造、电子信息等主导产业集聚度达到80%。"硅巷把老城的生命力激活了！"南京市白下高新区秦淮硅巷部副部长张志英感慨良多。

城市中，古老而深厚的人文气质与科技创新、经济发展之间的"化学反应"还不止于此。

国家级非遗"南京金箔锻制技艺"代代相传，其核心技术在国防、航天等领域一展风采；获得联合国教科文组织亚太地区文化遗产保护奖的小西湖城市更新项目中，原居民可自主选择迁与留，迁出后释放的空间中则植入文旅新业态，留下的或自住或租赁，开启现代化新生活；荟萃民俗民艺的溧水无想水镇，带火当地夜经济……

守正知所来，创新明所往。"走近文化的过去，才能走向文化的未来。"南京市委书记韩立明说，守住城市的文化魂，城市的气质就能自然散发。

文以载道，开辟『文枢』新气象

游客在南京金陵小城内参观游玩。（新华社记者李博 摄）

1921年，中国水泥厂选址南京并把采石场设在江宁汤山，工业文明的新光初次点亮古老的“石头城”，但也在日后留给它触目惊心的生态疮疤。如今，“淮水东边旧时月”见证了“石头城”里新光景——水泥厂变身美丽园林，废弃矿坑再现江南盛景，打卡园博园就能“一日看遍锦绣江苏”。

山水城林融为一体，江河湖泉毓秀一处，古今文明融贯一城。为担负起新的文化使命，努力建设中华民族现代文明，南京不断探索重塑城市与自然、城市与世界、城市与人的关系新路径。

于生态、水系修复中赓续弘扬万物并育、天人合一的共生理念。幕燕滨江风貌区，关停9家采石场，恢复植被260万平方米，矿坑宕口变身休闲胜地；昔日满目疮痍的牛首山，生态修复点“石”成金，2023年“五一”假期，每天游客量超5万人次；新济洲上，低洼地和水田经水系修复形成湖泊，成为候鸟栖息地，洲头、洲尾，江豚嬉戏捕食的画面时有出现……

“昔日黑色印记，变为今日绿色地标，本质上是摈弃一味索取的发展方式，践行生态文明反哺共生的全新理念。”南京市市长陈之常说，南京坚定探索人与自然和谐共生的现代化新路径。

于文明遗珍中汲取智慧，彰显讲信修睦、亲仁善邻的价值观念。600多年前，南京作为郑和“七下西洋”始发地，贯通经济文化密切交往的海上“丝绸之路”；2020年，一张笑脸的“六朝人面纹瓦当”从南京出发，发起“文化中的力量”——全球微笑传递活动，成为文明交流互鉴的“微笑使者”。

“这里总让我想起家乡大马士革。”在南京生活多年的叙利亚小伙拉丁说，他帮助父亲瓦利德·阿里策划画展，通过艺术传播叙利亚的真实形象，展现共建“一带一路”国家之间的深厚情谊。

于苦难记忆中汲取力量，培育明德弘道、自强不息的奋斗精神。北大学子邓中夏、清华学子施滉、留德博士许包野……在雨花台留下姓名的1519名烈士，牺牲时平均年龄不到30岁。东南大学公共卫生学院的旦增热确参观后感慨：“今日的青年该当怎样的青年？历史中的他们给出了自己的回答。”

“铭记苦难，但不沉溺苦难，不断从‘最好的教科书’中汲取奋进力量。”南京市委宣传部部长陈勇认为，这是南京历史上经受劫难却自强不息，饱受挫折又不断浴火重生的精神密码。

文化如水，上善利人；文明如潮，浩浩荡荡。今日南京正以更加雍容自信的气度，向世界展现自己文化底蕴与时代潮流兼备的宏阔气象。

新华社南京 2023 年 6 月 14 日电
新华社记者：刘亢、凌军辉、蒋芳
视频制作：夏鹏、奚婧娴、孙娇娇、秦岭、孔琛、
方燕、姜梓梓、刘敏、王煜聪、王强
编辑：王曙晖、杰文津、廖翊

扫描二维码查看视频

记者手记

邂逅南京

每一个邂逅南京的人，总会被这座城的某个侧面打动，这是心境与场景的契合，就像雨遇到江南，总能浸润出别样意蕴。

翻阅南京，每个人的方式不尽相同。喜好历史的，可能去雨花台寻觅勾践筑的"越城"，抑或是流连六朝的残垣断壁；热爱山水的，幕府登高、燕矶夕照、永济江流必是打卡首选；钟情风物的，颐和路的格调、中山陵的梧桐绝对会定格在记忆深处；文学爱好者，既能在秦淮河里打捞文人墨客的风流，也可去浦口火车站找寻还未走远的"背影"；好食的老饕，不仅能品鉴《随园食单》的精致，还能在老门东、小西湖感受烟火寻常……

这就是南京，古都气、山水气、风雅气、市井气交织融汇，看似庞杂无绪，实则包容大气。无论是久居还是过客，与南京总有不期而遇的美好，这份心动或深或浅烙在情感记忆里，伴随着也温暖着你我的生命旅程。

（一）

读城首看风貌。南京颜值在一年四季、一天十二时辰，都有让人眼前一亮的惊喜。

春牛首，废弃矿坑建成文化地标，踏青访古两相宜；夏钟山，梧桐遮天蔽日，步道曲径通幽；秋栖霞，江边红枫漫山开遍，“栖霞胜境”更上层楼；冬石城，石崖霁雪巍然立，虎踞龙盘今胜昔。

江南佳丽地，金陵帝王州。“金陵四十八景”，四季可游、时时可览。一阵雨，一场雪，一入夜，南京就成了如梦似幻的金陵。

南京不仅颜值在线，更让人惊叹的是其贯穿千年的气蕴。六朝古都，十朝都会，南京是回望中国历史的重要窗口。2500 年建城史、450 年建都史，丰厚的文化积淀和独特的人文景观，让这里成为中华文明坐标中一个不可忽视的存在。

在极具人文意识的经济学家朱偰看来，四大古都之中，“文学之昌盛，人物之俊彦，山川之灵秀，气象之宏伟，以及与民族患难相共、休戚相关之密切，尤以金陵为最”。

俯瞰今日之南京，阅江楼和紫峰大厦同框而立，粉墙黛瓦和现代建筑毗邻而居，始建于明代的“天下文枢”牌匾成为“顶流”打卡地，时空交错、古今熔铸，古都气质焕发新时代光彩。

（二）

南京文脉肇始于鸡笼山下。

公元 439 年左右，南朝宋文帝命司徒参军谢元在此建立中国首个文学馆，开启文学分科教育先河，孕育出第一部诗歌理论和批评专著《诗品》、第一部文学理论和批评专著《文心雕龙》、第一部儿童启蒙读物

《千字文》……

1500 多年后，南京“世界文学客厅”在此开门迎客，书页式石板、绢黄色墙体古朴典雅，与周边古寺古建浑然一体。白天，孩子们利用元宇宙平台重温李白笔下的“三山半落青天外，二水中分白鹭洲”；晚间，投影在墙面的诗文随风“翻页”，极致风雅，尽显人文。

喜欢南京的理由很多，文气斐然是最重要之一。在中国数千年文学史上，超过一万部文学作品产生于南京或与南京有关。2019 年 10 月入选联合国教科文组织“世界文学之都”后，南京启动文学赋能计划，建设特色文学空间。文化专家、文学爱好者一齐参与，挖掘分布全域的 611 个文学坐标点位，添加 200 个历史文化名人、近 1000 个文学作品和典故，汇编成“南京文学坐标地图”，青年人争相打卡。

历史文化是源，城市发展为流，唯有源远方能流长。历史留下一个厚重的南京，时代赋予南京东部地区重要中心城市、长三角特大城市、“苏大强”省会城市“三重身份”，我们期待着中华民族现代文明的南京书写。

守正知所来，创新明所往。作为中国近代工业的摇篮、全国重要先进制造业基地，南京近年充分发挥科教资源富集的优势，推动教育、科技、人才、产业有机融合，持续释放不可估量的创新价值。

（三）

南京的包容豁达表里如一。

天气有冷有热，建筑不土不洋；饮食有米有面，口味不咸不淡；性格有刚有柔，方言不南不北……多元一体、极致包容，以至于很难用一个词精准形容南京。就连南京人也被称为“大萝卜”，显然不够精明，但又足够豁达，遇到天大的事也不慌：“多大事啊！”

南京是江苏唯一跨江布局的城市。历史上，中原文化多次遭受灭顶之灾时南迁到此，成为南北文化交融、东西文明交流的“熔炉”。也许正因为南京太包容，各种文化都吸收，结果融成一锅“大杂烩”。杂糅，或许就是南京最大的特色。

透过南京文化的兼容，能看到历经浩劫的坚韧。遭遇多次劫难依然乐观坚强，南京的兴衰起伏是中华文明历经坎坷、始终璀璨的重要篇章。

在南京越久，越能看到她的另一面。素有雄心壮志，有时不够极致；足够大气包容，偶尔缺点精明；城市颗粒度偏大，局部不够精致……尽管如此，对于很多人来说，南京依然是“春归秣陵树，人老建康城”的故乡，是朱自清笔下“桨声灯影”“蹒跚背影”的念想，是“来了不想走，走了还想来”的向往。

初识南京始于颜值，品读南京敬于历史，喜欢南京合于气质，恋上南京终于包容……爱上南京的理由不少，其实只要驻足停留，时间会在你和这座城之间发酵出不舍的情愫。

对于南京这本“可以随时打开阅读的书”，每个阅读者因年龄、地域、阅历的不同，打开的方式、观察的视角、品鉴的方法可能都不一样，但一样的是大家对南京的整体感觉：“大蓝鲸，真莱斯！”

新华社记者：刘亢、凌军辉

江汉壮阔，百湖多姿；四方贯通，九省通衢。

浩浩长江水，巍巍黄鹤楼，见证武汉的千年荣光。

这里大江腾涌，重义崇礼显英雄；这里弦歌不辍，雅意诚心迎知音。

英雄城里迎知音

——解码江城武汉的文化自信样本

2023年6月14日拍摄的黄鹤楼（无人机拼接照片）。（新华社记者伍志尊 摄）

首义之城：『首』当其冲 敢为人先

位于武汉市武昌区的辛亥革命武昌起义纪念馆。（新华社记者程敏 摄）

武昌城头枪声一响，拉开了中国完全意义上的近代民族民主革命的序幕。

首义之城武汉，历史悠久，文韵绵长。

黄鹤楼，是这座城市最著名的地标。一千多年前，唐代诗人崔颢登高望远，留下“黄鹤一去不复返，白云千载空悠悠”绝句；“诗仙”李白经此，写下“黄鹤楼中吹玉笛，江城五月落梅花”佳作……“江城”美名，传扬天下。

南北文化交汇，古今文明交融，孕育武汉“豪气冲天、包容并蓄”的气魄。近代中国，无数仁人志士聚集于此，探寻民族复兴之路。

1911年10月9日，革命党人彭楚藩、刘复基、杨洪胜在执行武昌起义任务时被捕，他们坚贞不屈，大义凛然，慷慨就义。黄鹤楼南，有了一条“彭刘杨路”。相邻的武昌起义军旧址与辛亥革命博物馆，参观、追思者络绎不绝。

首义路、首义小区、首义中学、首义广场……“首义”二字，嵌入这座城市每个角落；“敢为天下先”的精神，融入武汉城市历史的血脉中。

新中国成立以来，首义之城在多个领域创下“全国第一”：

建起“飞架南北”的万里长江第一桥武汉长江大桥，建成新中国首个特大型钢铁企业“武钢”，汉正街拉开我国城市商品流通体制改革序幕，我国第一条光纤在此诞生，中国第一位“洋厂长”在武汉走马上任，全国第一家技术市场在武汉成立，全国第一家科技企业孵化器在武汉诞生……

今日，“拼搏赶超、敢为人先”的精神，依然激励这座城市奋力向前。

晨光熹微，梁子湖畔塔吊林立，机器轰鸣。“时不我待，分秒必争。”筑芯科技产业园项目经理孟巍巍说，700 多名工人三班倒，正不分昼夜地打造世界级科技创新策源地。

这里地处“世界光谷”，是武汉新城的重要组成部分，现已集聚亿元以上项目 205 个，总投资 4376.44 亿元。这个寄托未来发展动能的梦想之城，正在加速建设中。

英雄之城：大江奔流 尽显本色

图为武汉东湖。（新华社记者程敏 摄）

长江、汉水穿城而过，造就武汉“龟蛇锁大江，烟雨莽苍苍”的磅礴气势。滔滔江水、悠悠文脉，滋养出英雄的城市、英雄的人民。

回溯历史，武汉一直是座激荡家国情怀、厚植英雄基因的城市。

七雄争霸、战乱频仍之际，爱国诗人屈原行吟泽畔、心忧家国，写下“乘鄂渚而反顾兮，欸秋冬之绪风”等名篇，为后人传颂。初夏时节，东湖之畔，为纪念屈原兴建的行吟阁中人头攒动。

长江之滨，黄鹤楼旁，岳飞雕像迎风矗立。岳飞曾在江城驻军七载，写有《满江红·登黄鹤楼有感》——“何日请缨提锐旅，一鞭直渡清河洛……”

中共五大会址、武汉农民运动讲习所旧址、八七会议会址……一处处红色地标引人探访、让人驻足。武汉，是马克思主义最早在中国传播的主阵地之一。以武汉为中心的京汉铁路工人大罢工，将中国第一次工人运动推向高潮；八七会议在武汉召开，首次提出“枪杆子里面出政权”的著名论断……

“革命先辈们筚路蓝缕以启山林的精神，感召着一代又一代中华儿女不忘初心，奋勇向前。”八七会议会址纪念馆宣教部青年讲解员李岚说。

成于水、兴于江，武汉的城市发展史，是一部依托江河发展的历史，也是一部与洪水搏击的历史。

1998年，特大洪水袭击武汉，汉江、长江汇合处的龙王庙闸口前，16位武汉守堤人立起“生死牌”，写下“誓与大堤共存亡”的誓词。那一年，在百万军民日夜严防死守之下，武汉又一次经受住了严峻考验。

隔一座城，护一国人。新冠肺炎疫情突袭之际，武汉再度为世人所瞩目。关闭离汉离鄂通道，有效切断传播途径；迅速建设火神山医院、雷神山医院、方舱医院和大量隔离场所，解决病人收治难题；集结全国精锐力量，坚决打赢武汉保卫战、湖北保卫战……

身患渐冻症却坚守一线的医生张定宇、身上挂满为社区居民代购药品的“药袋哥”丰枫、组建志愿者服务队为医护人员提供后勤保障的快递员汪勇……危难之时，江城处处英雄，他们舍生忘死，共同筑起阻击病毒的坚固防线。

一座千万级人口的城市关闭外出通道，世所未见；76个日日夜夜，见证了武汉人民的顽强与坚韧、付出与牺牲。2020年4月8日，武汉迎来历史性时刻——离汉通道管控措施正式解除，江城大地恢复往日容颜。

2023 年 3 月 18 日，武汉大学举行抗疫医护赏樱专场。
（新华社记者肖艺九 摄）

英雄之城更是不断创造新的奇迹：重大项目接连落户，重大工程纷纷开工，主要经济指标加速回升，新产业与新业态接连涌现，新旧动能转换加速……

大江流日夜，慷慨歌未央。

在艰辛中淬炼、从磨难中奋起，锻造出武汉这座英雄城市和人民百折不挠、坚韧不拔的品格。

知音之城：和合共生　携手发展

2023 年 4 月 22 日，观众在第二届中国（武汉）文化旅游博览会参观。（新华社记者伍志尊　摄）

武汉龟山脚下，有一处雅致的“古琴台”，是后人为纪念春秋战国时期的俞伯牙、钟子期而建。这两人，一人寄心志于弹奏，一人闻琴音而会心。一曲《高山流水》，演绎出这段千古流传的知音佳话。

两千余年过去，故事发源地武汉形成了知情重义、崇礼守信的“知音文化”，成为武汉对外交往的精神标识。

知音者，志合也。志合者，不以山海为远。

近年来，武汉相继参与承办了《湿地公约》第十四届缔约方大会、中国国际友好城市大会、上海合作组织民间友好论坛等重要外事活动。时任法国总理贝尔纳·卡泽纳夫、时任英国首相特雷莎·梅、时任德国总理默克尔接连造访，武汉的国际影响力与日俱增。

2023 年 4 月 21 日，第二届中国（武汉）文化旅游博览会开幕，15 个国家文旅主管部门及国际旅游机构、22 家文旅行业龙头企业和 2000 余家文旅参展商参会参展。

2023 年 5 月 30 日，“中国共产党的故事——习近平新时代中国特色社会主义思想在湖北的实践”专题对外宣介会在武汉举行，来自近 30 个国家的 170 余名政党领导人或代表出席会议。

……

2023 年 6 月 14 日拍摄的古琴台景区（无人机照片）。
（新华社记者伍志尊 摄）

文化，自古以来就是沟通人类心灵的桥梁。在心息相通、相互认同中，武汉向四海宾朋敞开大门。

目前，武汉已与五大洲 61 个国家的 118 个城市缔结友好关系，友城之间的实质性合作不断加强：中法生态示范城落户武汉，与曼彻斯特在海绵城市及气候变化领域的交流合作有序开展……

来自危地马拉的塞莉娅任教于武汉大学，在武汉生活了 12 年，平日喜爱用西班牙语进行网上直播。最近一次直播时，她走进一家菜市场，发现市场里的屏幕上清晰显示出所售菜品的生产日期、产地、检验合格等信息。这让她和直播间的粉丝们都感到十分惊讶。“我想让更多人爱上这座‘每天不一样’的城市。”塞莉娅说。

相知相交，和合共生。在敞开胸怀、携手发展中，武汉的全球吸引力不断增强。

2023 年 5 月 1 日，6 列返程中欧班列满载木材、新闻纸等进口物资抵达武汉。吴家山站货运负责人刘宏涛说：“如今，不仅运往欧洲的列数不断创纪录，从欧洲返回的单日列数也创下新纪录。”

目前，在武汉投资的世界 500 强企业总数由 2012 年的 101 家上升到 309 家。面向未来，武汉正努力建设面向全球的内陆对外开放高地。

风樯动，龟蛇静，起宏图。穿越武昌首义的硝烟与战火，肩负英雄之城的不屈与坚强，秉持“知音文化”的积淀与传承，美丽江城以无比的自信，昂首走向明天。

新华社武汉 2023 年 6 月 15 日电
新华社记者：惠小勇、李鹏翔、梁建强、熊琦
视频记者：佘国庆、方亚东、喻珮
报道员：陈田浩
编辑：王曙晖、廖翊、杰文津

扫描二维码查看视频

记者手记

英雄城里迎知音

“大江大湖大武汉。”这是武汉百姓时常挂在嘴边的一句话。

寥寥几字，却既有对这座百湖之市江河穿行、地域广阔的地理特征的概括，也饱含着因为武汉在近代史上的重要地位油然而生的自豪感。

悠长深厚的长江文化通过“江汉交汇、三镇鼎立”的空间载体化和符号化，支撑了武汉人的历史眼光和宏大抱负。南北文化在此碰撞，传统与近代文明相互交融。

如何才能描摹这样一座城市的气质和品格，在千头万绪中找准下笔破题的“关键点”？

接到报道任务伊始，报道小组便开启了一段城市“寻根”之旅。凭借着记者对于武汉的记忆碎片，思绪在一次次碰撞中发散，沿着城中的阡街陌巷开始漫游……在不断的讨论中，大家逐渐形成共识：解码一座城，往往需要在历史的长河中寻觅，直至定位好了其物理图腾和精神坐标，一切文字似乎才有了值得言说的基座。

谈及武汉，世人最先想到的便是黄鹤楼。

正因“诗仙”李白被贬途经，留下了“黄鹤楼中吹玉笛，江城五月落梅花”的名篇，赠予这座千年古城“江城”美名。临江而立的这座城市“地标”，一江风流一楼收，文人墨客留下诗文 400 余篇。

黄鹤楼，不仅是武汉的文脉所在，更是这座城市的物理坐标。从这里着笔，似乎是顺其自然的。

那么，武汉的精神坐标又在何处呢？从黄鹤楼往南五百米，一条与“张之洞路”平行的“彭刘杨路”自长江南岸横贯入城。一街之隔，历经风云的武昌起义军旧址与造型先锋的辛亥革命博物馆遥相呼应，恰似先烈之奋勇与今人之追思的隔空激荡。

彪炳史册的武昌首义，开启了近代武汉的高光时刻。在国共第一次合作、武汉北伐战争的胜利、武汉会战等历史进程中，武汉始终与独立、民主、富强的民族现代化进程紧紧联系在一起，构成了武汉人形成家国情怀、连接自我身份与族群身份的桥梁。

新中国成立以来，中国共产党团结带领中国人民，自力更生、发愤图强，“首义之城”武汉更是在多个领域创下“全国第一”。“敢为天下先”的精神，融入了城市发展血脉，激励着今人奋发图强。

由此，通过历史、现在、未来三个时空维度勾勒城市全貌的写作的思路渐渐清晰了。几经商议，最终确定了“首义之城”“英雄之城”“知音之城”的三个维度，先从具体的物理坐标入手，再逐渐勾勒出城市的精神坐标。

报道中，要“观古”，更要“通今”。

“武汉是英雄的城市，湖北人民、武汉人民是英雄的人民，历史上从来没有被艰难险阻压垮过”，这是2020年2月，习近平总书记对武汉的高度评价。

新冠疫情是21世纪影响全球历史进程的重大事件，更是武汉这座城市的历史记忆。武汉人民在疫情中展现出来的不畏艰险、顽强不屈等优秀品格，必然内化为这座城市的文化基因，形塑这座城市的当代城市形态，并长久地影响这座城市的未来。

武汉依长江而兴，源源不断的人流、物流、信息流塑造了武汉城市的经济结构，造就了流动、开放和包容的城市文化。家喻户晓的高山流水觅知音的故事流传两千余年，先秦元典多有记载，历代诗赋、书画、音乐作品亦有呈现，在源发地的武汉也留下了不少传说性、纪念性遗址，表达着人们对知心、重情和诚信跨越时空的情感追求。在传承发展中形成的“知音文化”，也成为武汉对外交往的精神标识。

时至今日，武汉的国际“朋友圈”不断扩大，友好城市与友好交流城市总量已达118个，在全国副省级城市中位居第一。立足国际通衢，建设面向全球的内陆对外开放高地，打造国际交往中心正步稳蹄疾……

如同穿城而过、奔流入海的大江，关于这座城市的细节在报道组笔下拼合、汇聚、流淌，历经几昼夜的奋笔疾书，最终成稿、发出。

相知已深，便愈发能触碰到这座城市的心跳。巧合的是，报道小组的四个人，恰好无一人是武汉本土生长。四个异乡人，或因求学，或因工作调动，与这座波澜壮阔的城市结缘，又借由此次报道机会，回望这里的风云变幻、岁月沧桑，近观这里的山川地貌、高山流水……

对于这座有着3500年历史的城市，这篇稿件的描摹可能只是沧海一粟，纸短情长，且以这篇报道，致以对这座激荡家国情怀、厚植英雄基因的城市最真挚的敬意吧。

新华社记者：惠小勇、李鹏翔、梁建强、熊琦什么是福州?

它是历史深处的“八闽雄都、神州名府”，是“三山鼎峙、一水长流”的青绿画卷，是“七溜八溜不离福州”的可爱家乡……

“福州派江吻海，山水相依，城中有山，山中有城，是一座天然环境优越、十分美丽的国家历史文化名城。”习近平总书记当年在《〈福州古厝〉序》中这样写道。

在三坊七巷寻访古国春秋，在上下杭、烟台山品味“海丝”遗韵，在马尾触摸历史烟云；乘“福舟”游内河，登“福道”临胜迹，逛“古厝”听闽剧……今日福州，古老与现代交汇相融，“闽都韵”与“国际范”交相辉映。

“古城两千两百岁，信乎今夕是盛年。”新时代的福州，高扬文化自信。

派江吻海 『福』绵长

——解码榕城福州的文化自信样本

2023 年 6 月 13 日，福州烟台山、爱情岛、中洲岛及闽江北岸的青年广场等组成的闽江之心。（新华社记者林善传 摄）

乐在古中：呵护城市文脉

2023 年 6 月 13 日，游客在林则徐纪念馆内参观。（新华社记者林善传 摄）

"平地起楼台，恰双塔雄标，三山秀拱；披襟坐霄汉，看中天霞起，大海澜回。"2023年"5·18"国际博物馆日，一群少年在福州三坊七巷小黄楼内，吟诵福州名士梁章钜《楹联丛话》佳句。

位于福州市中心的三坊七巷，衍脉于晋唐，兴盛于明清，是国内现存规模较大、保护较为完整的历史文化街区，享有"中国城市里坊制度活化石"和"中国明清建筑博物馆"的美称。

在这里，可以领略民族英雄林则徐"苟利国家生死以，岂因祸福避趋之"的爱国情怀，可以倾听启蒙思想家严复"物竞天择，适者生存"的哲思慨叹，可以感受黄花岗英烈林觉民"吾今死无余憾，国事成不成自有同志者在"的壮怀激越……"一片三坊七巷，半部中国近代史"，名不虚传。

赫赫古城，文脉悠长。保护文物建筑，就是保存城市的根与魂。

2023年4月，三坊七巷年代最为久远、历史文化价值最高的古厝之一沈葆桢故居启动修缮。福州市文物局局长吴聿建介绍，坊巷内保存有200余座古厝，在修缮过程中坚持政府主导、居民参与，遵循"最小干预原则"，尽量保存古厝的古香古色和原汁原味。

以乌山脚下三坊七巷为代表的士大夫文化，以闽江畔上下杭为代表的商帮文化，是福州文化的重要代表。一士一商，润泽后世。

2023 年 6 月 12 日，福州三坊七巷一角。
（新华社记者林善传 摄）

2014年，上下杭历史文化街区启动保护修复工程，旨在打造具有商业、居住、旅游、文化等复合功能，以及具备中西合璧建筑特色和闽商文化特色的传统街区。“百货随潮船入市，万家沽酒户垂帘”的盛景，得以重现。

福州摄影师杨建峰用镜头记录下了上下杭历史文化街区从“边角落”到“网红地”的蝶变。“今日上下杭，文化可亲，乡愁可忆。”杨建峰赞叹。

习近平总书记2021年在福建考察时说：“对待古建筑、老宅子、老街区要有珍爱之心、尊崇之心。”

重建屏山镇海楼，建设冶山、新店两大古城遗址公园，修复三坊七巷、上下杭等历史文化街区……近年来，福州努力擦亮“三山两塔一条街”为标志的城市中轴线，在城市更新中呵护好千年文脉。

走进福州古厝街区，文博展览应接不暇，“老字号”重装亮相，闽剧、福州评话、伬唱、伞技等传统艺术轮番登台……古厝的活化利用提升了城市文化品质，推动了文商旅融合发展。

福州古厝研究会专家魏樊说，多年来，福州不断完善名城保护体系，探索出一条文化遗产“找出来、保下来、用起来”有机结合的特色路子。

治山理水：尽享榕城之美

2023 年 4 月 29 日，游客泛舟福州东西河，观赏榕城水岸美景。
（新华社记者林善传 摄）

一棵树，呈现历史之重、城市之美。

福州被称为"榕城"，在市区现存的1600多株古树名木中，近一半是榕树。一棵棵须髯茂盛、亭亭如盖的老榕树，庇荫一代代福州子民，是活着的历史文化。

福州种植榕树的历史悠久。北宋时，福州太守张伯玉为缓解城区的旱涝和酷热，号令"编户植榕"，多年后绿荫满城、"暑不张盖"。为纪念这位勤政爱民、造福一方的先贤，福州在建设西河公园时塑起一尊"张伯玉植榕"雕像。

修建地铁、整治河道时为古榕"让路"，成为全民共识；在大榕树下纳凉、下棋、拉家常，留住永恒风情……榕树文化，早已成为福州城市文脉的一部分，深深融入人们的生活中。

依山傍海，闽江穿城而过的福州，号称"山川灵秀所都"。"城绕青山市绕河"，优美的风景、宜居的生态，造就了这方"江城福地"，福州历史上曾"五次为都、六次扩城"。

2021年3月，习近平总书记在福州考察调研时指出，"福州是有福之州，生态条件得天独厚，希望继续把这座海滨城市、山水城市建设得更加美好，更好造福人民群众。"

近年来，福州持续推进治山理水攻坚战，打造“灵山秀水”，实现“亲山近水”。为让山水之城更好造福于民，近年来，福州将绿化融入城市生态，把公园建在群众身边，让园林走进千家万户。人均公园绿地面积 14.82 平方米，近 1500 个大小公园，让越来越多的市民可以推窗见绿、出门进园、行路见荫。

串联福州五大公园、全长约 19 公里的福道，是国内最长的空中森林步道，其独特钢架镂空设计，既最大限度保护了山体，更满足了不同人群休闲、健身、游览的需求。

“踏上福道，就像在森林上空漫步；走进各个公园，还能听歌看戏，品尝茉莉花茶。”家住金牛山公园福道入口附近的市民张艳峰高兴地说。

福州城中河网密布，人们依水而居。意大利旅行家马可·波罗在游记中提到，福州是他所游历过的中国城市中桥最多的美丽水城。

2023 年 4 月，福州“西湖—白马河—东西河”内河航线启动，全长 6.5 公里的航线串联起福州西湖、三山两塔、五一广场等景点，碧波荡漾，疏影横斜，人们尽享榕城生态之美与人文韵味。

福州现已通航内河游航线 8 条，推出“内河游 + 非遗展示”“内河游 + 闽菜”“内河游 + 福州三宝”等体验。“山水城人”相和谐的“福舟悠游”，与“登福道”一起，成为市民休闲新去处、游客体验福州新方式。

通江达海：谱写时代新篇

2023 年 6 月 13 日，严复故居内景。（新华社记者林善传 摄）

福州地处东海之滨，又名“左海”。通江达海之利，滋育、见证其“开风气之先”的历史和“开眼看世界”的襟怀。

福州马尾，三江入海口。19世纪60年代起，清政府在此创办船政，一个由造船工厂、船政学堂和福建水师构成的海军系统，在马尾逐步建立起来。这里，成为中国近代造船工业的发祥地、中国近代海军的摇篮。百余年过去，漫步马尾，一处处遗存见证了晚清中国的历史风云、无数志士仁人的强国梦想。

马尾船政文化研究会会长陈悦说，马尾船政这段历史，孕育了近代中国先进科技、高等教育、工业制造、西方经典文化翻译等丰硕成果，以及诸多先进思想；其折射出的向海图强、忠勇报国的民族精神，成为弥足珍贵的文化遗产。

1985年，福州马尾成为首批国家级经济技术开发区，罗星塔下这一古港小镇，呈现勃勃生机。今天的马尾，巨轮穿梭，高楼林立，成为现代化工业园区和创新型宜居新城。

凭海临风，福州勇立潮头。

2022年8月，清脆的汽笛声中，“闽都号”中老铁路国际货运班列从福州江阴港站驶出，福州与南亚、东南亚的陆路贸易新通道宣告打通。这是福州立足“一带一路”建设、服务和融入新发展格局的又一大手笔。

经济总量跻身“万亿城市”行列，都市圈城际铁路破土动工，中印尼“两国双园”建设活力奔涌……进入新时代，福州依托“海丝”核心区、福州新区、自贸试验区等“多区叠加”优势，奋力实现改革开放新跨越。

开放与包容，赋予福州新魅力。“南有鼓浪屿、北有烟台山”——福州烟台山，成为城市新的“打卡地”。

位于闽江南岸的烟台山具有特色鲜明的地理位置和自然条件，经过近年来的开发、改造，化身为具有历史感、花园式、文艺范、烟火气的历史风貌区，游客日均流量超 3 万人。“85 后”福州青年邹元生从国外回来，在这里开了家名为“光与尘”的咖啡馆，以城市“开埠”史，浓浓咖啡味，满满家乡情，向游客讲述穿越百年“光”与“尘”的福州故事。

2021 年 7 月，第 44 届世界遗产大会在福州举办，世界遗产保护事业发展中，留存下“福州印记”。2023 年 6 月 10 日“文化和自然遗产日”，位于福州梁厝特色历史文化街区的第 44 届世界遗产大会展

中国船政文化城核心区船厂片区一角。（新华社记者林善传 摄）

示馆开馆，成为福州呈现世遗精彩、展现中国形象、弘扬闽都文化的重要窗口。

“榕树风采、闽江活力、茉莉气韵、左海胸怀。”在福州文史学者陈章汉眼里，闽都文化特质鲜明。

“海纳百川，有容乃大。”新时代的福州正以独特文化魅力，书写发展新篇章。

新华社福州 2023 年 6 月 15 日电
新华社记者：江时强、项开来、涂洪长、邓倩倩
视频记者：涂洪长、周义
编辑：王曙晖、廖翊、杰文津

扫描二维码查看视频

记者手记

“福”在人心中

“一生中最好的年华在这里度过”，2021 年 3 月，习近平总书记在福建福州考察调研时深情地说，“现在的建设都符合这个方向，跟我们当时设想是一致的，而且发展得比我们设想还要好。希望有福之州更好造福于民”。

福建是全中国唯一以“福”字命名的省份，福州自古是“神州名府、八闽雄都”，源远流长的闽都文化，就像福州大街小巷随处可见的榕树一样，庇荫着闽江下游的这一方水土，“七溜八溜不离福州”的俗谚就是榕城广大老百姓的幸福宣言。因此，从文化自信的角度解读福州，“福”字是最合适不过的“题眼”。

探寻福州作为“有福之州、幸福之城”的渊源与特质，人文视角尤显厚重与温暖。在采访成稿过程中，无论是翻开厚厚的《福州通史》，还是面向奔腾入海的浩荡闽江；无论是徜徉于雕梁画栋的福州古厝，还是亲近一处温泉、一棵老榕、一碗肉燕，都充满人的故事和文化的力量。辛劳的先民在此耕耘，众多风云人物在此驻足，无数的美谈佳话在此流传，让人越发感受到文化就是“人化”和“化人”的相互作用，文化根脉是一座城市取用不竭的精神滋养和“福气”所在。

福州之“福”，离不开厚重的文化遗产和活泛的当下传承。福州有着7000多年的历史文化积淀和2200多年建城史，历史遗存丰富，人文底蕴深厚。这里地上有三山形胜、闽江旖旎，史上有坊巷春秋、船政风云。与古为新、稽古振今。新时代的福州，秉承对城市历史文化的尊崇之心、珍爱之心，持续探索文化遗产“找出来、保下来、用起来”有机结合的特色路子，经过多年努力，福州的历史文脉、古城风貌与城市记忆得以更好地留存延续，“福州古厝”成为一张让本地人自豪、外来者向往的靓丽名片。

福州之“福”，离不开独特的山水环境和生态优势。福州号称“榕城”，一树成林，满城苍翠。榕树对于福州来说，不仅反映了生态之美和诗意栖居，更蕴含着深层次的文化信息。在“张伯玉植榕”的故事里，能够感受到“为官一任、造福一方”的朴素理想；在福州人爱榕护榕的细节中，能够感受到生态文明理念如何潜移默化、深入人心。以榕树为线索，以民生视角和群众感受切入，串联起新时代福州治山理水的理念和实践，尤能体现“江山留胜迹，我辈复登临”的守护与传承，揭示出中国式现代化的建设发展实践，尊重自然、顺应自然、保护自然是题中应有之义。

福州之“福”，离不开全面深化改革和扩大开放带来的发展机遇和奋斗力量。没有经济实力做支撑，文化建设和文化自信就缺乏稳固基础。曾几何时，福州作为省会城市，在省内经济总量不如民营经济重镇泉州，知名度不如“海上花园”厦门；因为民生欠账多、棚户区林立，留下“纸褙福州城”的慨叹；因为坐拥江海之利却开发建设滞后，而被调侃为“一座知道海却看不见海”的城市……新时代十年，福州发展日新月异，除了经济总量跃升至全省首位，城乡面貌更是焕然一新。闽江流淌千年的“黄金水道”重新复航，当年郑和船队“伺风开洋”的地方崛起现代化的空港、海港，曾经的“万国建筑博览馆”烟台山成为近悦远来的“网红打卡地”……在采访中，记者深切感受到，历史文化是一个城市发展变化不可或缺的“源动力”，是激励今人不断奋斗进取的强大精神支撑。

记者在采访中对一个细节印象深刻：一位“85后”的福州青年邹元生在烟台山开了一家咖啡馆，有过多年海外生活经历的他说起福州方言、福州典故时两眼放光，由他牵头创办的“福州客”电子杂志吸引了一批海内外的青年同好，当他说出“越出国、越爱国，越离家、越想家”这句话时，我深深懂得：“福”在山水间，更在人心中。

新华社记者：涂洪长

天上一颗星，地上长沙城。

长沙，坐落于湘江北去与浏阳河交汇处，因城市上空的长沙星而得名。

它北接洞庭，西屏岳麓，有江水穿城而过，橘子洲浮碧江心。20 万年前，人类就在此生息繁衍。2500 余年城址如一的长沙，历经烽火洗礼，见证沧桑巨变。

习近平总书记指出，在 5000 多年文明发展中孕育的中华优秀传统文化，在党和人民伟大斗争中孕育的革命文化和社会主义先进文化，积淀着中华民族最深层的精神追求，代表着中华民族独特的精神标识。

长沙正是如此。这里群贤纷至、英雄辈出，这里承续源远流长的文脉、坐拥灿若星河的古迹，兼收并蓄、敢为人先的精神在这里扎根厚植，共同滋养出长沙特色鲜明的人文华彩——厚重却灵动，古老又青春，包容更开放，历久而弥新。

千载星城 吐芳华

——解码魅力长沙的文化自信样本

2023 年 6 月 9 日长沙市岳麓区橘子洲。（新华社记者陈思汗 摄）

弦诵不绝 文脉绵延

2023 年 6 月 11 日长沙市天心区的天心阁。（新华社记者陈思汗 摄）

长沙城南，天心阁巍然耸立。登阁远眺，湘水横亘，麓山在望。脚下，古城墙默然而立。耳畔，仿佛传来城南书院的弦诵之声。

再一路向南，约两公里外，古老的朱张渡紧倚江岸。登船渡江，绕经橘子洲，从牌楼口登上西岸，拾级而上，就到了千年学府岳麓书院。

与两座书院息息相关的南宋理学家朱熹、张栻的“朱张会讲”，奠定了长沙在湖湘文化中的关键地位，也深刻影响了中国古代哲学思想的演进。这条850多年前两位先哲往返书院讲学的必经之路，如今已是游人体验长沙书院文化的经典路线。

始建于公元976年的岳麓书院里，“实事求是”匾额高悬，记录着中华优秀传统文化源远流长、烛照古今的思想光华。

两年多前，习近平总书记在这里考察时，望着这块匾额，久久凝思。总书记指出，“毛主席当年就是在这里熏陶出来的，实事求是就来源于这里。共产党怎么能成功呢？当年在石库门，在南湖上那么一条船，那么十几个人，到今天这一步。这里面的道路一定要搞清楚，一定要把真理本土化。”

千余年来，书院办学从未中断。如今，书院已建有从本科直至博

2023 年 6 月 8 日，学生、游客在长沙岳麓书院研学、打卡。（新华社记者陈思汗 摄）

士后的人才培养体系，经世求真的追求深深扎根于湖湘学子心中。

2023 年夏天，110 名青年从湖南大学岳麓书院毕业，投身国家经济社会发展。文史专业 2023 届毕业生吴羽说出大家的心声：“我们会秉承实事求是、经世致用的学训，做优秀传统文化的传承者、弘扬者和践行者。”

长沙这片土地上，以屈原、贾谊、杜甫等为代表的古代爱国知识分子纷纷涌现，兴文华，传文脉，不辍不绝。

如今，城市发展成为文华盛景新舞台——

漫步城中，贾谊故居所在的“太傅里”、湘江之畔的“杜甫江阁”、毗邻闹市的“西文庙坪”……穿越时光静谧悠远，又与人间烟火相得益彰。

橘子洲上，一座路标指引出十余家书店的不同方向。蜿蜒古巷里，网红书店“长沙十二时辰”内容丰富、审美清新，吸引了各地爱书人。书店留言墙上，有读者写下明信片：“小小书店举起的精神火把，照亮了一座古老而年轻的未来之城。”

作为国家公共文化服务示范区，长沙有实体书店 1079 家，各类图书馆 202 个，平均 1 万人就有一家公共阅读场域。

长沙市岳麓区的一个路标（2023 年 6 月 11 日）。
（新华社记者陈思汗 摄）

文华新彩也引来了世界瞩目——

岳麓书社出版社坚持“道承湘学、言纳百家、繁荣学术、积累文化”，不仅在古籍专业出版领域成果丰硕，还出版了10多个语种、近200种图书传播至意大利、新加坡等国，向海外传播中华优秀传统文化。

“长沙的文化承古启新，汇长江、入大海，影响世界。”湖南省文史研究馆馆员、长沙历史文化研究专家陈先枢说。

古风新韵 魅力国潮

2023 年 6 月 7 日，游客在长沙市天心区太平老街打卡、游玩。（新华社记者陈思汗 摄）

长沙博物馆里，一面地层堆积示意墙引人驻足——

战国、汉朝直至近现代，人们的起居器物嵌于土壤层里，层层堆叠。讲解员介绍，在长沙五一广场及周边区域，考古工作者发掘了多朝代的文化堆积层；丰富的文物遗存、出土文书和建筑遗迹等证明，两千多年来，这里一直是人口稠密的城市中心。

这意味着，熙熙攘攘的长沙“城市客厅”五一广场，千百年前也是热闹繁华——“著处繁华矜是日，长沙千人万人出”“长沙十万户，游女似京都”……

建筑是凝固的历史，街巷是城市的记忆。从2018年至2022年，长沙精准运用“留、改、拆、补”等办法，对太平老街、白果园等14处历史文化街区、历史地段（街巷）开展有机更新。

“条条街巷有故事，块块青砖有来头。”开福区连升街社区干部曹斐告诉记者，工作人员曾为一条古麻石街的6500块铺路麻石一一编号，只为了重铺路面时能精准保护。

时光留给长沙的，绝不止于古老。在这里，灰墙青瓦的传统老巷与钢筋水泥的摩天大楼毗邻。在白果园的一家中式民宿里，抬起头就能看见高耸入云的湖南第一高楼。在天心区太平老街，幽静的贾谊故居里，长怀井已建成 2200 余年；而故居之外，各种活力四射的新潮牌商家广受青年追捧……

这一切，汇聚成长沙“古今同框”的独特文化资源。

文化资源就是经济资源。

历史文化街区里，咖啡屋、熏香馆等“潮店”不断涌现，80% 以上商户负责人是“90 后”“00 后”；一批以传统文化为创意内核的新消费品牌从长沙出发走向全国……2023 年“五一”假期，长沙五一商圈累计客流达 530 余万人次，同比 2022 年增长 117.47%。

“千年星城变身魅力长沙，这是城市与青年的双向奔赴，同样也是文化与产业的融合共生。”长沙市文旅广电局副局长曹凛说。如今，以丰厚的文化资源为沃土，一大批青年聚集在马栏山挥洒创意。产业园内从业者平均年龄不到 27 岁，青年创业者占近 90%。

文化魅力就是国家魅力。

长沙博物馆里，曾在海水中沉睡千年的青釉褐斑彩绘阿拉伯文碗无声诉说着长沙窑的故事。1998 年，印尼海域打捞出“黑石号”沉船，船载 6.7 万余件器物中有 5 万余件瓷器来自唐代长沙窑，成为海上丝绸之路的见证。

2023 年 6 月 10 日，游客在长沙市芙蓉区白果园街区游玩。（新华社记者陈思汗 摄）

2023年夏天，长沙作为中非经贸博览会的举办地，满怀自信地敞怀迎接外国友人。跨越千年，长沙更加热烈地拥抱世界。

在长沙国际会展中心举办的第二届中国—非洲经贸博览会上，观众（左）在选购非洲护肤品（2021年9月28日摄）。（新华社记者陈思汗 摄）

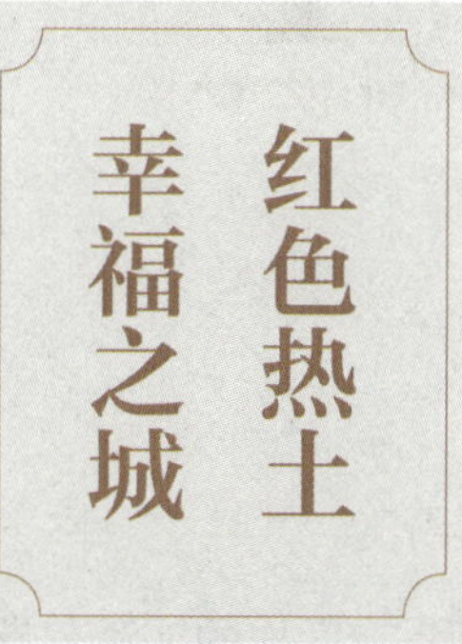

红色热土 幸福之城

2023年6月7日拍摄的长沙城区景色。（新华社记者陈思汗 摄）

1921年1月，长沙大雪纷飞。

潮宗街文化书社的会议上，28岁的毛泽东带领新民学会会员热烈讨论，确立了“改造中国与世界”的理想，此后又从湘江之畔出发，奔赴上海，登上红船。

百余年来，为人民谋幸福的热血，在长沙澎湃不息——

岳麓山中，长眠着黄兴、蔡锷等革命先驱。郭亮、缪伯英、杨开慧等中国共产党人从这里出发，前赴后继投身革命洪流。抗战时期，长沙以殊死战斗、巨大牺牲换来三次会战胜利，成为气壮华夏的铁血之城。

2020年9月，习近平总书记在湖南考察时强调，湖南是一方红色热土，大批共产党人在这片热土谱写了感天动地的英雄壮歌。要教育引导广大党员、干部发扬革命传统，传承红色基因。

“长沙是一座没有围墙的红色博物馆。”长沙市委宣传部宣教处处长殷军德介绍，目前，长沙共有各级爱国主义教育基地107家；当地组织创作了《大浪淘沙》《半条被子》等文艺精品，打造了湖南第一师范、新民学会旧址等红色基地。“我们要让党员干部群众从红色文化里牢记初心、擦亮初心。”

步入新时代，红色文化滋养出实现人民美好向往的不竭动力——

这里是雷锋的家乡，如今，160余万名雷锋志愿者活跃在大街小巷，为人民服务；聚焦“急难愁盼”办好民生实事，这里一年新增学位12.5万个、医院床位2200个、车位14.1万个……长沙民生投入力度持续加大。

践行为民理念，实现高质量发展是前提和底气。多年来，长沙毫不动摇地坚持发展实体经济，培育出工程机械、新材料等多个千亿级产业集群；在众声喧哗中严格落实“房住不炒”，房价收入比始终保持较低水平……

“四面云山都入眼，万家烟火总关心。”——天心阁上，一副古联道尽了长沙城市文化的精髓。湖南省委常委、长沙市委书记吴桂英说，“心忧天下”“民为邦本”的情怀从历史深处浸润着这块红色热土、这座幸福之城。

鹰击长空，鱼翔浅底，万类霜天竞自由。今日古城长沙，魅力劲奔涌；今日青春长沙，昂首新征程。

新华社长沙2023年6月16日电
新华社记者：陈俊、谭剑、袁汝婷、谢樱
视频记者：范军威、程济安、史凯丽
编辑：王曙晖、杰文津、廖翊、刘祯

扫描二维码查看视频

记者手记

星城长沙：弦歌启新声

在星城长沙生活了十余年的我，当要写长沙的文化底蕴，顿时内心感受千头万绪，但一时之间竟又不知从何提笔。

于是，我们重走了长沙的历史文脉——

循着橘子洲大桥往南约两公里，千年妙高峰隐匿于湘江东岸，南宋著名理学家张栻在这里创办城南书院，也是湖南省立第一师范学校旧址所在。紧倚江岸找寻古老朱张渡，那是“朱张会讲”时众多学子的必经之路，见证着求学问道成一时之盛。迎向江心继续向南，青年毛泽东雕像日夜守望橘子洲头，“问苍茫大地，谁主沉浮”。湘江西面麓山之下，千年学府岳麓书院清幽肃穆，历经千年，弦歌不绝……

我们重温了长沙灿若星河的历史遗存——

千年不腐的辛追夫人遗体，冠古绝今技艺的素纱禅衣，三千多年历史的皿方罍，“楚汉名城”的文化遗存光彩夺目，穿越千年的传奇故事让人惊叹。

我们发现，穿越岁月长河，长沙历史文化积淀厚重，绵延不绝的文脉早已深藏在城市的老街老巷里。2500 年前，春秋战国时期楚国于长沙建城。直到今天，两千多年前的道路与今天所在位置的街巷依然重合。熙熙攘攘的长沙“城市心脏”五一广场商区，自战国到近现代的地下丰富文化堆积仍然保留，历史时光中散落的居民用品真实还原了历代长沙生活图景，也见证着长沙千年繁华与烟火。

如今的长沙，在日新月异快速发展的同时，仍然保留了古城原有的街巷格局和空间肌理，每一条老街，每一个老地名，都写满了深沉故事。380 米的太平老街，老商铺、老字号、名人故居鳞次栉比，小青瓦、坡屋顶、木门窗等老式建筑元素随处可见，千年前的烟火模样仿佛历历在目。尽管岁月变迁，如今的太平街鱼骨状的街区仍保旧颜，古老的戏台金碧辉煌歌舞升平，往来拍照打卡的游客、招徕顾客的商贩人声鼎沸，各色缤纷招牌将老街映照得如梦似幻。从时光中走来，历经数世繁华，这条牵着过去又连着现在的时空纽带，在岁月流逝中历久弥新。

行走于星城繁华的市中心，步行街人潮涌动、解放西车辆川流不息，时间随着霓虹闪烁快速流转，如同这座中部地区新一线城市快速跳动的脉搏。而在长沙的老街穿行，体味市井生活的闲情逸致，时而徘徊、驻足，光阴则如同慵懒的小猫，步伐迈得缓慢而轻盈。

杜甫曾有诗词："长沙千人万人出"。千年历史的老街被打造成年轻人聚集的"网红打卡地"，静谧与火热两种文化气质在此和谐共生，历史与现代在此水乳交融。悠悠古巷随处可见时尚前卫的青春面庞，古街80%以上商户负责人是"90后""00后"。

蕴藏着世间百态和烟火人生，长沙也不断涌现着以"文化+消费"为创新内核的新兴品牌。一大批依托传统文化而又适应现代要求的文化创新企业争相涌现，成为具有鲜明长沙特质的文化现象，吸引着络绎不绝的外来游客。

"不可移动文物"太平粮仓打破多年孤寂，活化运用为"茶颜悦色"旗舰店，品牌每天都有新店开张；34岁的新消费品牌主理人龙胜，在古巷中创设"唐姑娘不姓唐"5家国风店，打造中式甜品，贩卖"情趣价值"；在马栏山视频文创产业园，"90后"导演黎振亚和"知了团队"致力于探寻历史深处、从事将博物馆传统文化活化的文创事业……敢想敢干的年轻人，在长沙恣意实践创意、展现才能，也彰显着长沙人"敢为天下先""求真务实"的闯劲与干劲。

悠久厚重的古城长沙，也因此成为活力四射的年轻人友好型城市。它持续推进传统文化的创造性转化和创新性发展，吸引大批年轻人来此定居兴业——2023年4月，在已公布的城市常住人口增量中，长沙以一年新增18万人位列第一；第七次人口普查中，长沙10年新增300万人，且平均年龄显著低于全国均值。

心忧天下、不怕牺牲的红色文化，更转化为新时代打造“幸福之城”的源源动力。传承“红色基因”为的是更好地造福人民，严格落实“房住不炒”，坚决守护生态环境，持续推进民生福祉，聚焦“急难愁盼”办实事……连续十余年，长沙蝉联全国最具幸福感城市。

触摸历史脉搏，浸润文化之光。历史文化是对城市记忆的活态传承，也凝结、保留和传递着一个城市居民的情感记忆和经验智慧。厚重的历史文化将深切融入城市发展之中，更会成为一座城市面向未来的深厚底气和个性特质。我们相信，兼具厚重与灵动、古老又年轻、包容也开放的星城长沙，必将在长远的发展中展现更为蓬勃的生命力。

新华社记者：谢樱

六脉皆通海，青山半入城。

广州，因“五羊衔谷，萃于楚庭”的传说，又称羊城。这座有着 2000 多年历史的文化名城，自古就是中外文化交融之地，见证着中华文化兼收并蓄的开放胸怀，展现出文化自信的魅力与风采。

习近平总书记指出，1000 多年前，广州就是海上丝绸之路的一个起点。100 多年前，就是在这里打开了近现代中国进步的大门。40 多年前，也是在这里首先蹚出来一条率先实行“灵活政策、特殊措施”的开放之路。现在广州正在积极推进粤港澳大湾区建设，继续在高质量发展方面发挥领头羊和火车头作用。

文脉悠悠，历经千年繁盛不衰的海丝文明成就了广州开放包容的鲜明气质，穿越百年融入血脉的红色基因滋养着它敢闯敢拼的勃勃雄心。

今日广州，秉承千年底蕴，绽放时代华彩。

海风珠韵 润羊城

——解码『千年商都』广州的文化自信样本

位于广州越秀公园内的五羊雕像。（新华社记者邓华 摄）

商都古韵孕育开放包容气质

夜幕下炫彩广州塔矗立于灯火璀璨的城市新中轴线之上。（新华社记者刘大伟 摄）

一江珠水，蜿蜒漫流，最终汇入南海，为广州城带来无限的生机，也塑造了它包容开放的城市气质。

习近平总书记 2018 年在广州考察时指出，城市规划和建设要高度重视历史文化保护。注重文明传承、文化延续，让城市留下记忆，让人们记住乡愁。

漫步广州北京路步行街，民国、明、宋、唐的古道层层摞叠。千百年前店铺茶肆栉比林立的三街六市仿佛近在咫尺，暖风熏人，好似卷带着昔日过往商队的蹄声阵阵，鼎沸人声。

沿珠江而下，临近入海口处，黄埔古港遗迹风物吐露着古韵新声，“扶胥浴日”盛景依稀，“海不扬波”诚哉斯言。

“岭南大地自古以来就是沟通中原和海洋的桥梁。”广州博物馆馆长吴凌云说，作为岭南文化的中心地，广州是文化交往交融最繁荣的城市。

从汉代开始，广州便成为中国对外贸易的主要港口和南海交通枢纽。来自波斯的银盒、非洲的大象牙，产自东南亚或西亚的乳香、琉璃器……这些西汉南越王墓出土的文物向人们诉说着 2000 多年前的中外通商交流故事。

唐宋时，这里设市舶使、市舶司，标志着海上贸易走向更加规模化、正式化，广州也成为“海上丝绸之路”上乃至全球海路上著名的东方大港。

“海珠寺前江水奔，诸洋估舶如云屯。”一首竹枝词，描绘出广州万商云集的繁华景象。

千年商都，于今为盛。今日广州港，已是全球最繁忙的港口之一，有150多条外贸航线，通达全球100多个国家和地区。

“广州是世界海上交通史上少有的，2000多年来长盛不衰的大港。”广州港集团副总经理宋小明说。

岭南风骨、海外风韵，在广府之地融为醒目的文化风姿，融入城市的日常生活：

这里诞生了“折衷中西、融汇古今”的岭南画派，留下了骑楼这样中西融合特色建筑，孕育出包容兼蓄的“南国红豆”粤剧，这里还是魅力多彩的国际时尚都会……

这里不缺乏文化想象力，流溪河畔、凤凰山麓国家版本馆广州分馆宏伟典雅；粤剧电影《白蛇传·情》上映后叫好又叫座，《醒·狮》大胆创新，把舞台搬上云端……

广州市南沙港四期全自动化码头。（新华社记者卢汉欣 摄）

这里有能够诞生世界使用人数最多即时通讯工具的“大厂”，也有几代人精心“打磨”一款好吃点心街坊小食肆。

试问岭南应不好，却道：此心安处是吾乡。广州，是所有爱广州之人的家乡。

红色基因滋养英雄城市

市民在广州市林则徐纪念园里参观。（新华社记者卢汉欣 摄）

南海苍茫南岭娇，东风怒卷粤江潮。

广州林则徐纪念园内的半身雕像边，“开眼看世界”五个字刚劲有力。

100多年前，这里成为近现代中国重启发展进程的起点。

广州博物馆镇海楼里，“守正创新：文物里的广州智慧”文物展如火如荼。“中国照相机之父”邹伯奇的自摄玻璃底片，设计制造中国第一架飞机的冯如半身照等文物吸引了众多观众驻足。

广州是一座富有革命传统的城市。

孙中山先生在这里领导了十余次武装起义，让广州成为推翻帝制的策源地。

此后，中国共产党领导的第一次全国劳动大会、中国社会主义青年团第一次全国代表大会在这里举行；广州起义首次打响“工农红军”旗号；1923年，中共三大召开，建立起革命统一战线；毛泽东同志在这里开办农民运动讲习所……红色基因镌刻在广州城市文化的深处，流淌在广州人民的血脉之中。

广州市花是高耸入云红似火的木棉花。这种花，也被称为“英雄花”。因为它“铿然一朵阶前落”，花落地而不倒，这份坚毅果敢恰是

位于广州市越秀区恤孤院路 3 号的中共三大会址纪念馆。（新华社记者刘大伟 摄）

这座城市最具诗意的注脚。

中山纪念堂的木棉树下，数百名小朋友以五彩缤纷的稚嫩画作致敬先辈；黄埔军校旧址纪念馆里，红色家书诵读会吸引了一大批青年学生踊跃参加；广州起义烈士陵园内，红色小宣讲员为游人深情讲述英烈们的感人故事……

在年轻人的网络社区里，重走广州红色基因路颇具人气。由北向南，从越秀山观音山战斗遗址出发，经杨匏安故居、广州起义纪念馆、广州农民运动讲习所旧址、“团一大”纪念广场，最终抵达中共三大会址纪念馆，6.6 公里串起了广州人的红色记忆。

2023 年 3 月以来，6000 多场红色文化活动，传唱着广州人民古往今来的英雄故事，传承着历久弥新的红色气质。中共三大会址纪念馆馆长朱海仁说：“一批代表性革命史迹展览展示场馆，让革命文化宣传教育深入人心，成为城市文化形象的重要组成内容。”

英雄花开英雄城，英雄城里英雄盛。得益于红色文化的滋养，广州“英雄城市”的底色愈发鲜艳。

『闯创干』精神 成就光荣梦想

第 133 届广交会现场再现云集万商盛况。（新华社记者刘大伟 摄）

弄潮儿向涛头立。

广州历来得风气之先，广州人“敢字当头”，在改革开放中也不例外。

党的十一届三中全会后，中共广东省委向中央提出，希望中央下放若干权力，让广东在对外经济活动中有必要的自主权；允许在毗邻港澳的深圳、珠海和侨乡汕头市举办出口加工区。

40 多年来，广州创下多个全国“第一”，并为全国范围改革开放提供了有益的经验。

作为新中国成立后第一家中外合资的五星级酒店，珠江江畔的白天鹅宾馆于 2023 年迎来了 40 岁生日。这家酒店，见证了广州改革开放的历史，也彰显了现代广州的自信内核。

“当时就提出，一定要四门大开，让全部市民都可以进来，让市民进来看看这个改革开放的成果。”霍英东集团主席霍震霆说。

全国第一个取消粮票的城市、首创行政规范性文件有效期制度、成立全国第一家地方性外商投资企业协会……“闯”的精神、“创”的劲头、“干”的作风，在广州书写了壮阔的改革篇章。

好饮“头啖汤”，是“老广”鲜明的文化个性。第一口汤往往最

广州珠江江畔的白鹅潭大湾区艺术中心。（新华社记者邓华 摄）

鲜，想尝到就要勇创新。

广州市社会科学院城市国际化研究所所长伍庆说，广州人有种生猛鲜活、劲道十足、敢闯敢拼的基因，而今日广州的发展成绩，又给了广州人保有这种气质的底气，两者相得益彰、彼此成就。

进入新时代，勇立潮头的志气、锐意创新的勇气、蓬勃向上的朝气，依旧在这里激荡迸发。

作为中国外贸的“风向标”和“晴雨表”，广交会因为其历史最长、规模最大、商品种类最全、到会客商最多、成交效果最好被誉为“中国第一展”。

2023 年，第 133 届广交会全面恢复线下展，总展览面积达 150 万平方米，参展企业数量达 3.5 万家，累计进馆超 290 万人次，均创历史新高，吸引了超过 220 个国家和地区的境外采购商线上线下参会，现场出口成交 216.9 亿美元。

广州市社科联专职副主席郭德焱说，通过城市“老”与“新”的共存、互融、转化，广州正在激发形成全球领先的枢纽活力、卓越自信的文化活力、万流涌动的创新活力、公平优越的制度活力。

海对羊城阔，山连象郡高。展望未来，开放、包容、创新的广州继续奔跑。

当前，广州正在积极推进粤港澳大湾区建设，继续在高质量发展方面发挥重要作用。

在广州率先试行香港工程建设管理模式，省内率先打通向香港跨境拨付科研资金通道，国内率先录用港澳籍公务员……在《广州南沙深化面向世界的粤港澳全面合作总体方案》指引下，“湾区之心”与港澳全面合作不断走深走实。

2022 年 9 月正式开学的香港科技大学（广州）校园，仅用 18 个月就完成了首期建设，凸显了广州推进大湾区建设的决心和速度。校长倪明选说，港科大（广州）要依托大湾区，打造完整的科创生态链条。

白鹅潭大湾区艺术中心在珠江边拔地而起，即将竣工开门迎客。这座总用地面积近 7 万平方米的建筑通过“时光拱廊”将三个场馆连为一体，形似一艘文化“巨轮”扬帆远航，寓意装载岭南文化宝藏的“巨轮”驶向世界。

悠悠珠江，奔腾不息；滔滔南海，碧波万顷。受海风珠水滋养的广州，正在创造新的文明形态、建设中华民族现代文明的新征程上踔厉奋进。

新华社广州 2023 年 6 月 16 日电
新华社记者：陈凯星、叶前、詹奕嘉、邓瑞璇
视频记者：霍思颖、欧阳建嘉、胡拿云、邓瑞璇
编辑：王曙晖、杰文津、廖翊、刘祯

扫描二维码查看视频

记者手记

解放思想，换一个角度看广州

回望越台烟雨外，万峰尽处五羊城。

《海风珠韵润羊城——解码“千年商都”广州的文化自信样本》的采写和出炉，是一次解放思想、重新认识广州的过程。

作为位列“北上广深”之列的超一线城市，广州对许多人来说并不陌生，但难的是怎么把广州那些习以为常的现象转化为可形成报道的文字，避免“看起来有感觉，写出来干巴巴”。

更何况，不少人对广州的印象或集中于经济发达的超大城市，或聚焦于“食在广州”的生活情趣，甚至有人说广州文化底蕴不足，是“文化沙漠”。

如何从日常生活、寻常巷陌中挖掘、梳理广州的文化自信?

“1000 多年前，广州就是海上丝绸之路的一个起点。100 多年前，就是在这里打开了近现代中国进步的大门。40 多年前，也是在这里首先蹚出来一条经济特区建设之路。现在广州正在积极推进粤港澳大湾区建设，继续在高质量发展方面发挥领头羊和火车头作用。”

习近平总书记 2023 年 4 月在广州同法国总统马克龙举行非正式会晤时的这段话，为我们提供了新的指引和启示。

新华社广东分社陈凯星社长创新采写方式，带着大家在碰撞交流中解放思想、更新视角，从文化角度看到了一个熟悉而又新颖的广州。

——这是一座有悠久开放底蕴的城市。

广州所在的岭南，在很长时间内被称为“南蛮”之地。与中原文化重镇的一些城市相比，广州似乎缺少一点厚重感，似乎没有遍地国宝级的文物和遗址。

然而，广州可能是我国唯一一座开放了2000多年而从未间断过的城市。自秦统一岭南、设南海郡，广东就成为中原王朝的海上门户，广州堪称我国开放时间最长的口岸。

长期从事考古和文博研究工作的广州博物馆馆长吴凌云，一个在广州待了30多年的湖北人，对“广州缺乏足够历史底蕴”的说法十分反感。

他引用了司马迁《史记·货殖列传》中“番禺亦其一都会也”的记载，证明2000多年前的广州就已经是闻名遐迩的大都市。他用考古领域商代中原使用的货币“贝币”来自南海论证，3000多年前南海之滨和中原腹地已经有了密切往来。他说，“岭南大地自古以来就是沟通内地和海洋的桥梁，岭南文化是中原文化与海洋文化融汇的结晶。”

唐宋时，广州的海港桅樯林立，千帆竞渡，商人、使者熙来攘往，奇珍异宝琳琅满目。刘禹锡有诗赞曰：“连天浪静长鲸息，映日帆多宝舶来。”

“六脉皆通海，青山半入城”的广州，博采众长、包容并蓄，将来自五洲四海的元素，经过消化吸收和因地制宜的再次创造，使之融入中华文明的盛筵。

即便是在世界城市史上，像广州这样保持长期开放包容的城市也是屈指可数。

——这是一座有深厚革命底色的城市。

网上谈及近代史时有这么一个段子——“广东人革命，江浙人出钱，湖南人流血”。

这当然不尽准确，但自近代以来，广州确实是为了救亡图存、进步变革而不惜流血牺牲。

20 世纪 30 年代就参加了革命工作的老党员杨应彬曾经写过一首《咏红棉》：“南海苍茫南岭娇，东风怒卷粤江潮。百年多少英雄血，溅上红棉照碧霄。”

从林则徐“开眼看世界”到三元里人民抗英，从太平天国运动到维新变法，从辛亥革命到新民主主义革命……一百多年来，众多有识之士抛头颅、洒热血的救国实践，在广州深深地烙上英雄的印记、留下了革命的史迹。

作为广州的“市花”，高耸入云、如炬似火的木棉被誉为“英雄花”，正如广州这座有着光荣革命传统、深厚自信底蕴的英雄城市。

中山纪念堂木棉树下，数百名孩子以五彩缤纷的画作致敬木棉精神；黄埔军校旧址纪念馆的红色家书诵读会，吸引了数百名青年学生和群众参加；广州起义烈士陵园内，红色小宣讲员深情讲述英烈们的感人故事；越秀公园里，主题书画摄影展吸引了超 2 万人次的市民游客分享自己关于红棉的记忆……

在这场名为“英雄花开英雄城”的传承弘扬红色文化系列活动中，红色种子在越来越多广州人心中生根发芽。

——这是一座有强烈改革底气的城市。

文化如同空气，无处不在却“日用而不知”。任何社会现象运行背后都有文化的影子，广州也是如此。

好饮“头啖汤”，既是“老广”标志性的饮食习惯，更有鲜明的文化个性。第一口汤往往最鲜，想尝到就要勇创新。

并非经济特区的广州，40多年来在众多领域先行先试，创下多个全国“第一”，并为全国的改革开放提供了有益的经验。

位于沙面白鹅潭的白天鹅宾馆，是广州最知名的酒店和旅游景点之一。许多人在这里拍照留念时可能并未意识到，这是新中国成立后第一家中外合资的五星级酒店，如今已有“40岁”。它见证了广州率先开放的历史，也见证了现代广州的自信内核。

广州那种生猛鲜活、劲道十足、敢闯敢拼的文化基因，并未随着生活的优裕而褪色，反而在时代的浪潮中更加凸显。

海对羊城阔，山连象郡高。

有网友说，广州是一扇联通世界的“任意门”——有深厚的历史，也有灿烂的未来；很广府，也很国际；很商业，也很文艺。

无外乎谪居岭南的苏东坡会写下“此心安处是吾乡”。哪怕是众多匆匆过客，也会因为这种文化，爱上这座城市。

新华社记者：叶前、詹奕嘉、邓瑞璇

“天气常如二三月，花枝不断四时春。”明代才子杨慎将昆明四季如春的特质写进诗文，其诗句“春城风物近元宵”，最早赋予昆明“春城”雅名。

以四季如春享誉世界的春城昆明，历史文化底蕴深厚，有着 3000 多年文明史、2300 年建城史。党的十八大以来，昆明守护历史人文留住独特气韵，依托天然山水建设宜居之城，秉承包容精神加快开放步履……春的气息、春的色彩、春的意境充溢春城。

文脉不断四时春

——解码春城昆明的文化自信样本

空中俯瞰雨后的昆明城区（无人机照片，2023 年 6 月 15 日摄）。
（新华社记者江文耀 摄）

人文之城 赓续文脉

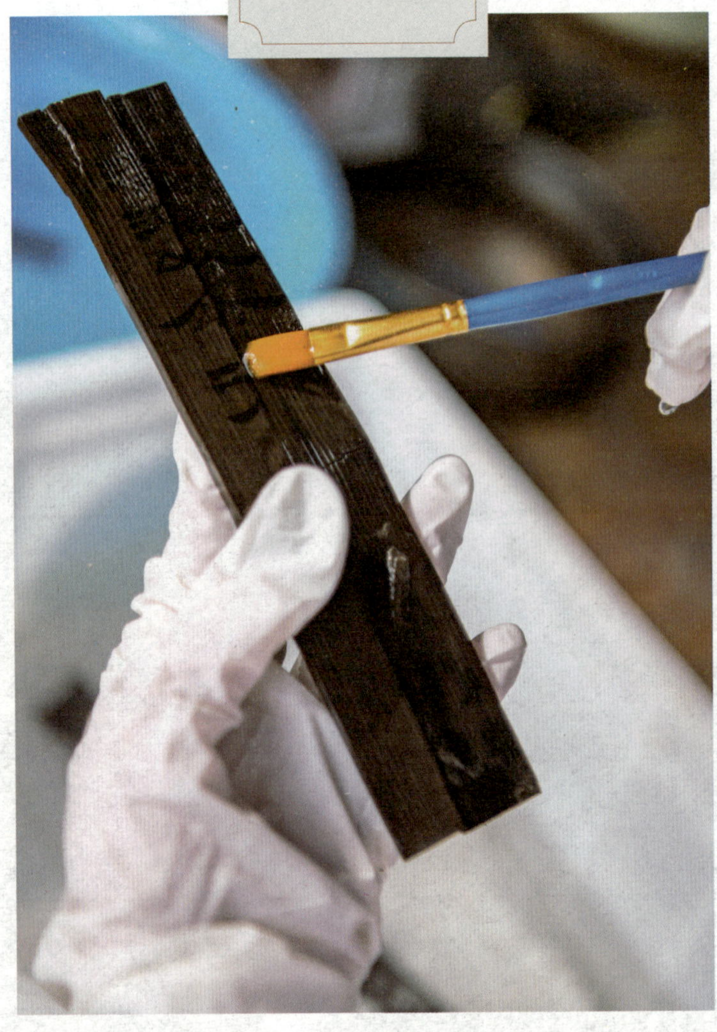

考古工作者在清理云南河泊所遗址出土的简牍（2022年9月21日摄）。（新华社记者江文耀 摄）

滇池之滨，昆明晋宁区河泊所遗址，考古队员正在划定探方内开展考古发掘。遗址不远处的石寨山，1956 年曾因出土金质“滇王之印”而轰动考古学界，司马迁《史记》中记载的“滇”国在尘封 2000 多年后重见天日。

2021 年以来，河泊所遗址出土的大量汉代简牍和封泥，表明汉代中央政府已对云南行使治权，是我国统一多民族国家形成与发展的重要实证。专家研判，河泊所遗址即为古滇国都邑和益州郡治所。

从战国到西汉，古滇国在滇池地区雄踞一方，后纳入中原王朝版图。南诏国、大理国时期，昆明分别称拓东城、鄯阐城，作为东都。元代改称中庆城，设置昆明县，作为云南的省会并沿袭至今。

漫步昆明，圆通寺、华亭寺、昆明文庙、金马碧鸡坊、老街……一处处古迹遗存记录着历史上屯田定边政策、汉民族移民迁徙等带来的中原文化影响和深度的民族文化融合，解读着昔日“蛮夷之地”何以崛起成为壮丽边城；云南陆军讲武堂、纪念“重九起义”的“重九廊”、护国纪念碑、巫家坝机场、西南联大大师云集的文林街、“一二·一”运动纪念广场……让人感受近现代历史烟云，倾听古城的慷慨壮歌。

1937 年全面抗战爆发后，北大、清华、南开三校被迫南迁，几经

位于昆明市中心的金马碧鸡坊夜景（2023 年 6 月 13 日摄）。
（新华社记者江文耀 摄）

辗转安顿在昆明。在昆 8 年，西南联大广大师生遵循刚毅坚卓的校训，满怀科学救国的理想，同舟共济、同仇敌忾，抗战中大批学生投笔从戎、效命疆场，抗战胜利后联大师生积极参加反内战民主运动，谱写了可歌可泣的爱国主义篇章。

图为西南联大博物馆内景（2021 年 2 月 9 日摄）。
（新华社记者江文耀 摄）

2020 年 1 月，习近平总书记来到位于云南师范大学校园内的国立西南联合大学旧址考察调研。总书记沿途察看“一二·一”运动纪念广场、西南联大原教室、革命烈士纪念碑、西南联大纪念碑等标志性建筑，还走进西南联大博物馆参观，详细了解西南联大在抗战艰苦条件下赓续中华民族文化血脉、为国家培养人才的历史，并强调，教育同国家前途命运紧密相连。

西南联大既为中华民族传承了历史与文化，也为中华民族复兴储备了大量人才，是昆明文脉传承中浓墨重彩的一笔。其体现出的民族精神、教育精神和抗战精神，是中华民族爱国主义精神的典范，也锻造和形成了昆明的城市品格和城市文化。

文化是城市的灵魂。新时代，昆明着力打造文化地标建筑、特色文化街区、生活美学空间，赓续文脉，涵养精神，使昆明更具文化气质和文化品质。

绿美之城 守护山水

2023 年 3 月 12 日，游客在昆明海埂大坝喂红嘴鸥。（新华社记者陈欣波 摄）

“五百里滇池，奔来眼底。披襟岸帻，喜茫茫空阔无边……”滇池草海北岸，大观楼巍然矗立，清代文人孙髯撰写的“天下第一长联”镌刻在正门立柱上，道尽昆明山水之美。

昆明三面环山、一面临水，湖光山色交相辉映，是一座丽质天成的山水城市。在气候方面，昆明冬无严寒、夏无酷暑，四季如春、温润宜人，鲜花常开、草木常青，是举世闻名的“春城”“花城”。

元代政治家赛典赤·赡思丁主滇时，兴修水利、发展农业、建设驿站、开办学校……昆明呈现出欣欣向荣的景象。意大利旅行家马可·波罗感慨昆明“工商甚众”，赞叹为“壮丽大城”。

明代，由汪湛海主持营造昆明城，“……就高下而奠基础，取形胜而立范围”，历时 8 年乃成。自此，昆明城形成“小三山一水”的山水格局。

“四围香稻、万顷晴沙、九夏芙蓉、三春杨柳”……历代高人韵士徜徉昆明山水之间，留下歌咏之作。好山好水好季候，一代代昆明人，为自己生活的城市而骄傲。

一度，由于追求经济发展，滇池曾遭到严重污染。经过不懈治理，滇池水质从劣五类恢复为四类，海菜花、金线鲃、彩鹮等重现滇池，高原明珠重焕光彩。

自1985年起，西伯利亚红嘴鸥每年冬天如约而至，滇池周边和翠湖公园等地，万鸥翔集、游人如织，成为昆明冬春最动人的景观。

2023年3月，红嘴鸥北返之时，46岁的昆明市民刘必恒带着孩子来到滇池海埂大坝，为红嘴鸥"饯行"。他说："我曾跟着爸妈来看红嘴鸥，现在我带着孩子来到这里，希望孩子从小懂得爱护红嘴鸥、爱护大自然、爱护我们的城市。"

"滇池是镶嵌在昆明的一颗宝石"，2020年1月，习近平总书记在昆明考察调研时指出，要拿出咬定青山不放松的劲头，按照山水林田湖草是一个生命共同体的理念，加强综合治理、系统治理、源头治理，再接再厉，把滇池治理工作做得更好。

沿着总书记指引的方向，打造"绿美春城"，让城市更加美丽宜居，如今已成为昆明市民的自觉。

天刚亮，市民李云丽就来到滇池边，撑着铁皮船到湖里打捞垃圾和漂浮物。她从小滇池边长大，是当地巾帼打捞队的队长，打捞队成立30余年，队员换了一批又一批，李云丽一直都在。她说："越来越多的人意识到保护滇池的重要性，越来越多的年轻人加入到我们的队伍中来。"

2023 年 3 月 20 日，李云丽（左二）带领巾帼打捞队队员划船准备到滇池草海开展打捞工作。（新华社记者陈欣波 摄）

绿色，是春城昆明的鲜明底色。昆明市正以公园城市建设为引领、以城乡绿化美化三年行动为抓手，打造彰显云南特色、春城特点的公园城市。

开放之城 胸怀天下

2023 年 4 月 19 日，装载着来自泰国等地热带水果的冷链集装箱到达昆明东站。（新华社发　秦文璐 摄）

2023年6月1日上午，一列搭载数十个冷链集装箱、满载泰国榴莲和山竹的专列缓缓驶入中铁联集昆明中心站。到站后，采取优先卸车、优先交付、优先提柜等措施，确保第一时间分拨全国各地。

中老铁路见证着昆明扩大开放的步伐。2021年底，中老铁路全线建成通车，截至2023年6月3日，累计发送旅客1640万人次、货物2100万吨，“黄金通道”作用凸显。

偏居西南一隅的昆明，有着悠远的对外开放、交往史。

古滇国贵族墓地出土的青铜贮贝器中，就有大量产自印度洋的贝币；源于古滇国的铜鼓，在越南、老挝、缅甸等多国都有发现，表明古滇国与东南亚、南亚有着密切的经贸和人文交流。

昆明，还是古老的“贝币之路”“茶马古道”的重要站点。昆明顺城街始建于元朝，明清时为南方丝绸之路、茶马古道马帮集散地。清末，法国驻华官员拍下过镖局押运马帮在此歇脚的影像。

1930年，25岁的美国记者埃德加·斯诺来到昆明，写道：这座城市是许多道路的汇合点，既是一条铁路的终点，又是若干马帮旅途的起点；既是东西方最后的接触点，又是东西方最早的接触点；既是通向古老亚洲的大门，又是通向中国荒芜边疆的大门。

云南省博物馆展陈的四牛鎏金骑士铜贮贝器（2023年3月26日摄）。（新华社记者陈冬书 摄）

抗战期间，昆明作为抗战重要大后方，为世人所瞩目，与其紧密关联的滇越铁路、滇缅公路、中印公路和“驼峰航线”，在抗战期间发挥了不可替代的作用。

开放、融合、进取，是昆明的城市基因和精神气质。

2016年12月28日，一列银色“子弹头”驶离昆明南站，飞驰2252公里，横穿大半个中国，10个小时抵达上海。当天，沪昆高铁贵阳北至昆明南段贯通，标志着云南接入全国高速铁路网，我国“四纵四横”高铁网基本成形。

近年来，云南服务和融入共建“一带一路”，加快建设我国面向南亚、东南亚辐射中心。昆明作

上图：清末，法国驻华官员方苏雅拍摄的镖局押运马帮在顺城街的照片（资料照片，由殷晓俊提供）。
下图：2023 年 6 月 15 日拍摄的昆明顺城街购物中心景象。（新华社记者江文耀　摄）

为辐射中心核心区，正致力于建设区域性国际中心城市，对外开放的大门越开越大，从“山间铃响马帮来”到“通江达海连世界”，昆明通向周边国家基础设施不断完善，昆明机场航线通达所有南亚、东南亚国家首都……

2021年10月，《生物多样性公约》第十五次缔约方大会第一阶段会议在昆明召开。大会发表“昆明宣言”，呼吁各方采取行动，共建地球生命共同体。2022年，在加拿大举行的第二阶段会议通过了“昆明—蒙特利尔全球生物多样性框架”。昆明携手世界，为全球生物多样性保护作出贡献。

春融万物，生生不息。古老而又充满活力的昆明，正以全新开放姿态拥抱世界。

新华社昆明2023年6月17日电
新华社记者：李银、伍晓阳、丁怡全
视频记者：何春好
编辑：王曙晖、廖翊、贾真

扫描二维码查看视频

记者手记

从“何以春城”管窥“何以中国”

提到云南昆明，许多人首先会想到“春城”。四季如春、花枝不断，无疑是昆明的魅力所在，但当然不是昆明唯一值得被人们记住的地方。从文化自信的城市样本来解码昆明，当如何落笔？我们这篇稿件颇费了一番思量。

按照新华社“解码文化自信的城市样本”主题报道安排，昆明作为“传统人文型”城市代表入选。参考入选依据“保留一个或几个历史时期完整建筑群”，我们认为昆明虽然保留了一些明清和民国时期的建筑，但这不足以支撑一座城市的文化自信，还是要紧扣“解码文化自信的城市样本”主题来寻找答案。

在深入学习习近平总书记关于文化自信重要论述的基础上，认真领会深挖城市文脉、解码城市在古老与现代相互交融中创新发展、立体化呈现文化自信等报道要求，我们决定从“人文之城”“绿美之城”“开放之城”三个层面来解码。

其一，昆明历史文化底蕴深厚。从战国到西汉时期，古滇国在滇池地区雄踞一方，创造了辉煌灿烂的青铜文明。自古滇国以降，昆明始终是云南政治、经济、文化中心之一。及至近代，昆明在我国抗战史上写下了浓墨重彩一笔，尤其西南联大在艰苦条件下赓续民族文化血脉，树立了一座精神丰碑。

其二，昆明自然山水美丽宜居。我国传统文化讲究“仁者乐山、智者乐水”，好山好水就是宜居之地。昆明城外有“大三山一水”，城内有“小三山一水”，湖光山色交相辉映，加之气候四季如春，温润宜人。依托自然禀赋，昆明打造世界春城花都，建设“绿美之城”，让城市更加美丽宜居。

其三，昆明对外开放源远流长。古滇国遗址出土大量产自印度洋的贝币，东南亚多国发现源于古滇国的铜鼓，表明古滇国与周边国家联系交往密切。从古代的南方丝绸之路、茶马古道到近代的滇缅公路、驼峰航线，再到现代的中老铁路等国际大通道，开放包容、兼收并蓄一直是昆明的鲜明特质。

昆明城市品牌或城市定位在不同时期几经调整，目前表述为“历史文化名城、世界春城花都、中国健康之城”，此外还曾有“世界知名旅游城市”“国际大健康名城”“区域性国际中心城市”等提法。我们认为，人文之城、绿美之城、开放之城的定位，既跳脱了地方宣传话语，又契合昆明的文化内核，用以解码春城昆明的文化自信应当“立得住”。

为写好这篇文章，我们开展了广泛的资料收集和文献研究，梳理了昆明历史文脉和书写昆明的诗词歌赋。关于昆明的文明史和建城史，历来有不同说法，如昆明市政府网站介绍“765 年，南诏国筑拓东城，为昆明建城之始”，我们根据昆明古城村遗址发现最早距今 3600 年的聚落、河泊所遗址被认定为古滇国都邑，采纳了昆明“有着 3000 多年文明史、2300 年建城史”的说法。关于“春城”来历，我们查阅资料获知，是明代文人杨慎在诗作中写下“春城风物近元宵”，最早赋予昆明以“春城”的雅号。而以诗词阐释昆明的春城特质，传颂更广的是杨慎写的“天气常如二三月，花枝不断四时春”。我们把春城来历写在了文章开头，标题“文脉不断四时春”也化用了这句诗。

我们深入昆明的考古遗址、历史遗存和文化地标采访，尝试在精神世界从现实穿越回到历史，用历史观照现实，感悟城市的文化血脉和人文精神。从河泊所遗址实证“我国统一多民族国家形成与发展”，到西南联大在烽烟中“薪火相传、弦歌不辍”；从大观楼长联书写滇池美景“四围香稻、万顷晴沙、九夏芙蓉、三春杨柳”，到滇池生物多样性逐渐恢复、高原明珠重焕光彩；从云南省博物馆中存储着印度洋海贝的青铜贮贝器，到中老铁路专列满载从泰国进口的榴莲和山竹……在一次次踏访、找寻和对话中，我们对“何以春城”的理解愈发清晰。

求解“何以春城”为我们读懂“何以中国”打开了一扇窗。包括昆明在内的云南地处边疆，秦汉时期称为“西南夷”，古滇国就是西南夷中实力最强的势力之一。从古滇国到益州郡的更替演变，是我国统一多民族国家形成与发展的重要见证。西南边疆与内地中原文化的交流交往交融，是历史发展的一条主线。中华文明具有突出的连续性、创新性、统一性、包容性、和平性，在西南边疆的文化传承发展中有着生动体现。

“文章不厌千回改”。写作过程中，我们对稿件进行了反复打磨修改，新华社国内部编辑老师给予了悉心指导润色。系列稿件播发后，《文脉不断四时春——解码春城昆明的文化自信样本》融合报道被230多家媒体采用，居于“解码文化自信的城市样本”系列报道前列；《照片为证！12处地标见证春城百年变迁》被新华社摄影部评为部级好稿；《中国春城拥抱绿色开放》英文报道被近100家境外媒体采用。整组报道取得良好传播效果。

新华社记者：伍晓阳、丁怡全

2023 年 6 月 2 日，习近平总书记在出席文化传承发展座谈会时指出，要坚持守正创新，以守正创新的正气和锐气，赓续历史文脉、谱写当代华章。

凝望成都，诚哉斯言。

神秘莫测的三星堆，折射出古蜀文明的辉煌历史，成为中华文明多元一体格局中的灿烂一支；

闻名于世的都江堰，滋润出天府之国的富庶绵长，传承千年城址不变、城名未改；

大名鼎鼎的交子钱，成全了繁华的商业都会，留下烟火人间的幸福长卷……

这就是成都，一片沉淀下自强不息、乐观通达、开放包容精神气质的人文沃土；一座生机澎湃、动能不竭的宜居之城。

锦绣华章 秀锦城

——解码人文成都的文化自信样本

图为 2023 年 5 月 7 日拍摄的都江堰。（何勃 摄）

信念：达观坚毅 奋斗不息

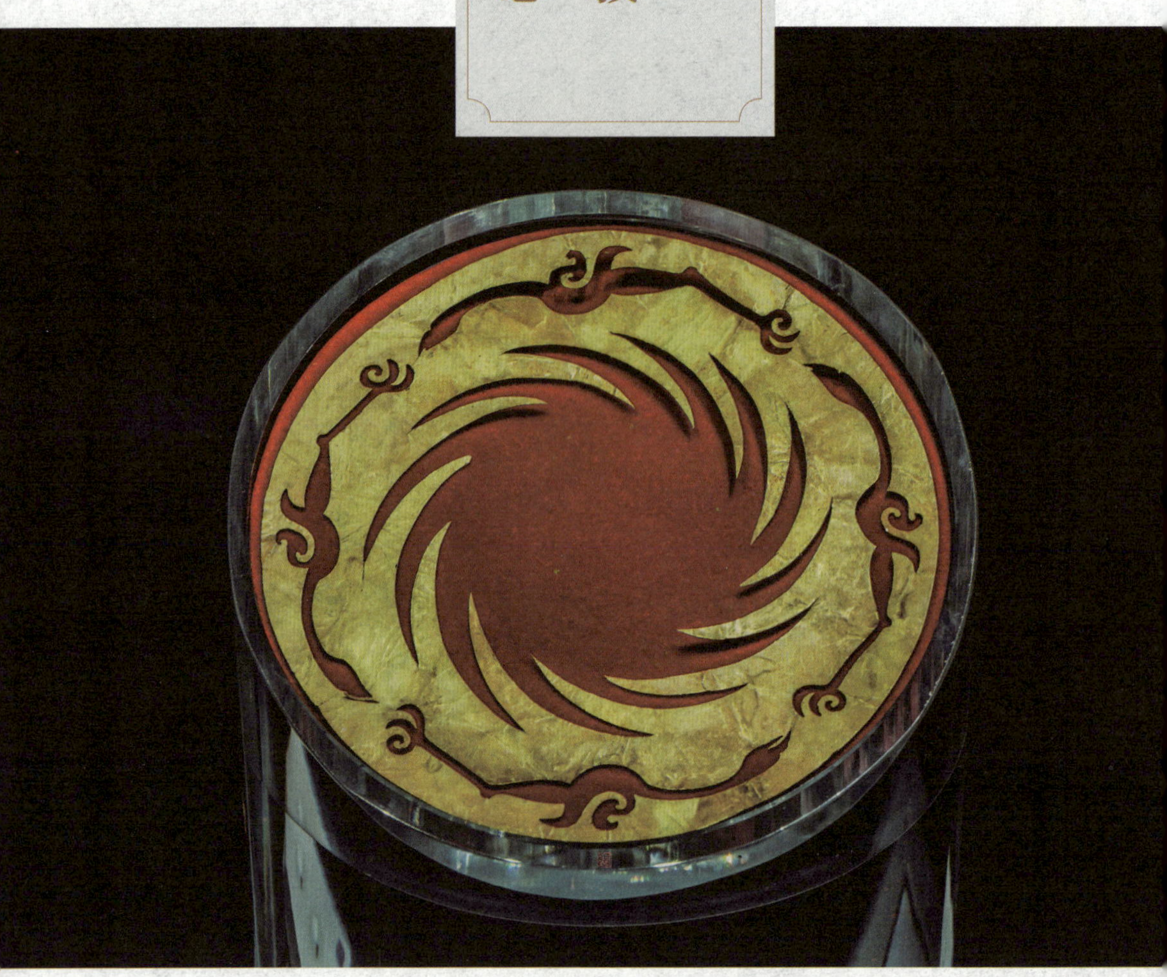

图为成都金沙遗址出土的商周古蜀太阳神鸟金饰。（新华社发　张艳　摄）

大名鼎鼎的立式说唱俑，1963 年出土于成都市郫县宋家林一处东汉砖室墓，现存于四川博物院。他手舞足蹈、开怀大笑的表情让海内外游客印象深刻。四川博物院专家谢志成指出，四川出土的汉代陶俑有一个共同点，全都面带笑容。

2001 年，成都金沙遗址出土了一枚圆形黄金饰品，灵动传神。其图案镂空，分内外两层：内层周围等距分布 12 条旋转的齿状光芒，象征太阳；外层由 4 只鸟首足相接，呈逆时针飞翔，令人联想到“金乌负日”的美丽传说。

“这件来自 3000 年前的古蜀太阳神鸟金饰，体现了古蜀先民对光明与生命由衷的热爱、坚毅的向往与永恒的追逐。”成都金沙遗址博物馆馆长朱章义说。

说唱俑、太阳神鸟以及这片土地上的其他文化符号，都是成都城与成都人真实精神气质的写照，其内涵都与坚毅达观、奋斗不息建设幸福家园的追求深深契合——

成都地处四川盆地的“盆底”，四周崇山阻隔，本与外界无路可通。“五丁开山”传说寄托着古蜀先民走出盆地、联通世界的渴望，也以传说的形式记录了剑门蜀道的最初来历。

面对水患，先民们不屈服不气馁，终于建成都江堰，这才有了“水旱从人、不知饥馑”的“天府之国”。

秦汉时，成都城以其丰沃傲立西南，“列备五都”。到唐宋时，“扬一益二”天下闻名，成都已成为全国最繁华的两个工商业城市之一，世界上第一张纸币——交子在这一时期出现在成都，极大便利了商品流通，进一步展示了成都人的创新意识和创造力。

历史上，成都也曾因战乱灾祸饱经磨难，但总能靠着一股子直面苦难的顽强，最终战胜浩劫、重建家园、涅槃重生。这也是今天，支撑成都战胜震灾、疫情的重要精神力量源头之一。

2022 年 6 月，习近平总书记在四川考察时指出，全党全民族都要敬仰我们自己的文化，坚定文化自信。

放眼成都，在那些最能展现它城市风采、最能体现它气质风韵、最能反映它生活风范的地方，总是闪耀着文化光彩。

风景如画的成都龙泉山城市森林公园高处，被称为“城市之眼”的丹景台，其设计图样中融入了金沙遗址文物的形象；

2005 年 10 月，蜀绣作品搭乘“神舟六号”遨游太空；

熙熙攘攘的成都天府国际机场，四座航站楼也被设计成“太阳神

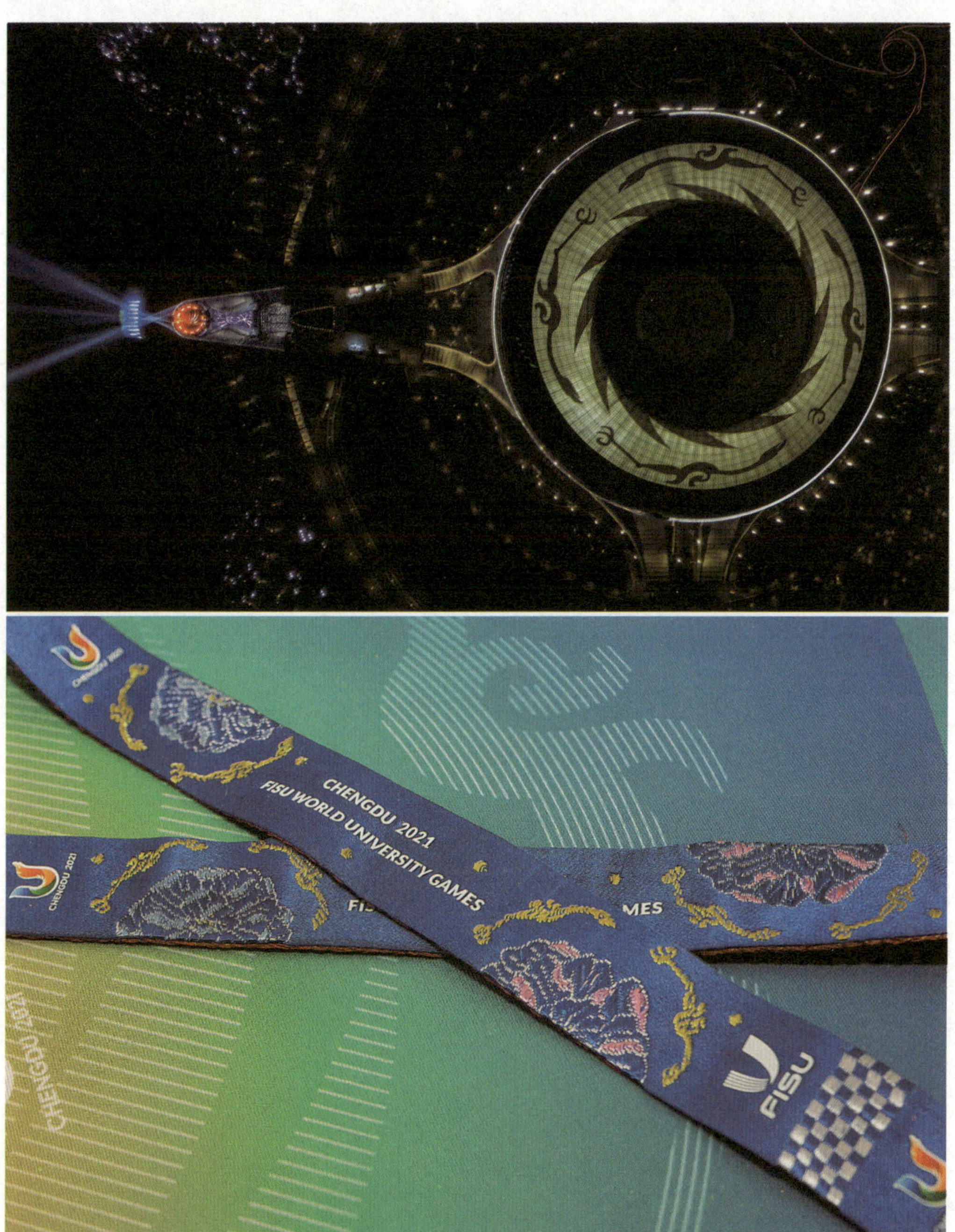

上图：2023 年 4 月 19 日拍摄的第 31 届世界大学生夏季运动会开幕式主体育场及主火炬，主体育场的穹顶是由 12000 多块彩釉玻璃拼接而成的“太阳神鸟”。（新华社记者沈伯韩　摄）
下图：2023 年 6 月 14 日拍摄的绣有神鸟图案的大运会奖牌绶带。（新华社发　徐杨予恒　摄）

鸟”的形状，寄寓着它对广阔世界的欢迎与向往；

通过国家级非物质文化遗产项目蜀锦织造技艺省级传承人胡光俊的精美设计，好客的成都人还用引以为豪的蜀锦织造技艺，将成都市市花芙蓉的图案“文”在了第31届世界大学生夏季运动会奖牌绶带上面。

赓续文脉，汲古壮今。成都一路前行，从西部内陆腹地走向改革开放前沿，从区域中心城市跨越为国家中心城市、成渝地区双城经济圈极核城市、践行新发展理念的公园城市示范区……迁跃千年，凝聚了古蜀先民智慧与精神的成都城，在新时代展现一派锦绣华章。

诗意：『杜甫草堂』滋养万家

2023 年 5 月 31 日，孩子们在第三届杜甫草堂“李杜”诗歌儿童节系列活动中表演。（成都杜甫草堂博物馆供图）

“黄四娘家花满蹊，千朵万朵压枝低。”身着汉服的孩童朗诵着杜诗，在悠扬的古琴声中翩翩起舞……

盛夏的杜甫草堂绿意盎然，伴着黄桷兰的氤氲香气，一场场孩童诗歌会在此上演。千年诗歌之城，也因此散发出青春昂扬的少年感。

有一种说法，叫“自古诗人皆入蜀”。诗歌文化在成都历史深厚、生机勃勃。杜甫的《绝句》《春夜喜雨》，李白的《登锦城散花楼》、黄庭坚的《安乐泉颂》、陆游的《成都行》……那些闪光的诗句滋养着这座城市的诗意氛围。

漫步草堂，青石路边褐色石头上刻着文学家冯至先生的一段话：“人们提到杜甫时，尽可以忽略了杜甫的生地和死地，却总忘不了成都的草堂。”

如今的杜甫草堂，不仅是“诗迷”们心中的“朝圣”之地，更是成都独特的城市文化图腾。

自2017年启幕的成都国际诗歌周，已连续在杜甫草堂举办了六届，为成都留下了一笔可观的文化财富。“希望能通过这个活动，让诗意在城市肌体中流淌。”中国诗歌学会副会长梁平说。

在成都，词韵清雅的诗歌，古色古香的川剧、风格多样的音乐正在加快融合，通过各种审美形式创新载体，为城市文化注入鲜活生动的新生命力。

“诗意的栖居”，带动了文创产业、音乐艺术、数字经济等行业蓬勃发展。

2023 年 6 月 12 日，游客走过刻有冯至有关杜甫草堂论述的石碑。（新华社记者沈伯韩 摄）

箜篌、黑胶唱片……依托成都深厚的诗意底蕴，四川省蜀乐佳音文化科技有限公司研发了一系列具有古蜀文化底蕴的乐器和外观精致的文创产品。该公司总经理王汉磊说，通过将古蜀音乐文化、四川传统民族音乐和现代文艺潮流创新融合，他们正致力于音乐艺术领域的创造性转化与创新性发展。

近年来，成都文创园区不断提档升级，多个特色文创园区如雨后春笋不断涌现：以工业遗址为主题的东郊记忆产业园焕然一新，用老旧仓库改造而成的完美文创公园发展势头强劲……2022 年，成都新评定市级文创产业园区 40 家、文创特色街区 20 条、文创特色村（社区）20 个。

诗意融入生活。2022 年，成都完成老旧小区改造 601 个，惠及 7.2 万户居民。这些老旧小区改造和城市有机更新，越来越注重在地方特色文化氛围营造等“软件”方面着力与赋能，让市民生活更有品质、更加幸福。

“小区在改造中充分听取居民的意见，新修了几个花架，夏天到了，花朵爬上花架，大家在花架下赏花喝茶摆龙门阵，日子舒服又惬意。”成都市青羊区府南街道同德社区同馨苑小区居民黄映秋说。

『巴适』：发展夯实幸福底气

左图：2023 年 6 月 11 日傍晚，人们漫步在成都猛追湾望平滨河路上。

右图：2021 年 7 月 1 日晚，成都猛追湾街道望平社区的美食一条街。

（新华社记者沈伯韩 摄）

烟火人间三千年，成都上下猛追湾。

孟夏傍晚时分，锦江（府河）边上暑热未退，成都猛追湾街道望平社区的望平滨河路两侧，放眼望去，时尚感、国际范十足。越来越多的年轻游客聚拢到这里的各式茶座、餐吧、酒吧、火锅等特色餐饮门店、摊位旁，享受美好的夜生活。

隔着一个小区的望平街上，风格截然不同。这里主打老成都风格，市井味浓郁，烟火气十足，周边砖红色的老房外墙散发着一种特殊的怀旧魅力。随着夜幕降临，纷至沓来的海内外游客，同样是把老街两边的老火锅、烧烤、钵钵鸡店里里外外挤得满满当当。

29 岁的以色列小伙子阿布在成都生活了 11 年，2021 年在望平滨河路一栋居民楼的 3 楼开了一家西式餐吧，这是他开在成都的第三家店。"成都的商业氛围非常好，特别是这里有一种豁达开朗的文化心态，人们知道怎么把日子过'巴适'。"

成都方言里，"巴适"有舒服、真棒的意思。成都人懂"巴适"、敢"巴适"。在成都流行一种说法，理解了成都人对"巴适"的执着，才能真正理解成都的城市文化。

作为建设践行新发展理念的公园城市示范区，成都的发展定位之一，

2023 年 2 月 28 日，成都锦江区三色路夜市。（新华社记者唐文豪 摄）

就是建设“城市人民宜居宜业的示范区”，使城市发展更有温度、人民生活更有质感、城乡融合更为深入，率先打造人民美好生活的幸福家园。

目前，成都已利用空闲零星地块打造社区花园 500 余处，实现“推窗见绿、出门见景”；实施“老公园 · 新活力”提升行动，50 个老公园拆除围墙 1 万余米，实现公园与社区界面、功能、业态融合；实施“金角银边”示范场景建设行动，充分利用桥下、街旁、地下等 7 类城市剩余空间，网红运动场、美丽小公园、智慧科普角……每一处空间的华丽变身都反映出这座城市的对“巴适”理念的实践。

宜居的底气是宜业。当前，成都集聚了139家国家级创新平台、3个国家先进制造业集群、2个国家战略性新兴产业集群，国家高新技术企业增至1.14万家，科创板上市企业17家……“巴适”的城市产业基础，为青年人提供了广阔的发展机会与成长空间。

2021年11月23日，成都铁像寺水街的茶铺前。（新华社记者沈伯韩 摄）

其实，这里随处都有创新创业扎根的空间。玉成街原本只是闹市里的一条背街陋巷，随着附近商圈人气持续扩散，当地不失时机推进了一个名为“玉成集巷”的城市更新项目。现在，一座座乐活小铺让老旧院落的居民能够积极参与街区商业运营，增加收入，而游客们则能在这片霓虹耀眼的高档商圈里享受在小竹椅上吃小吃、喝饮料的别样风味。

“余生很长，何事慌张？”

成都铁像寺中一家茶铺的楹联，生动诠释了千年来沉淀于这座城市中的人文精神气质：自强不息、乐观豁达、开放包容。这种气质来源于成都的文化基因，植根于它数千年来的发展变迁、文化融合。这种气质更已汇聚为成都锚定全新发展坐标后所形成的高质量发展信心与定力，化作引领全体市民同心建设美好家园的独特力量。

新华社成都 2023 年 6 月 17 日电
新华社记者：王丁、杨三军、叶含勇、董小红、童芳、张海磊
视频记者：杨进、萧永航
编辑：王曙晖、杰文津、廖翊、刘祯

扫描二维码查看视频

记者手记

在成都街头走一走　看文脉传承弦歌不辍

“欢迎大家到成都街头走走看看，体验并分享中国式现代化的万千气象。”2023 年 7 月 28 日，习近平总书记在成都第 31 届世界大学生夏季运动会开幕式欢迎宴会上致辞时，向世界发出这样诚挚的邀请。

成都，是古蜀文明重要发源地，地处四川盆地的“盆底”，四周崇山阻隔，古蜀先民“五丁开山”的传说，至今激励后人；面对水患，先民们不屈服不气馁，建成都江堰，有了“水旱从人、不知饥馑”的“天府之国”。自古以来，坚毅奋斗、知足常乐、乐观豁达已成为这座城市最闪亮的文化底色。

在构思文化自信这篇重点稿件时，新华社四川分社社长王丁带领采访小组首先进行了一场“头脑风暴”：说说你脑海中成都文化最吸引人的“点”。在这场看似漫无边际的讨论中，采访组的每个人都说出了自己内心深处那个“最成都”的亮点：太阳神鸟、杜甫草堂、蜀锦、诗歌、盖碗茶、火锅、川剧……在漫谈中，王丁社长提示采访小组，这次调研不是做城市历史文化考古，也不是给城市做形象宣传，而是努力发掘古老文化在当代的现实意义，要完成从具象到抽象再到具象的过程：城市历史遗存

（具象）给这个城市带来了鲜明的文化特质（抽象），这种文化特质在当代形成了丰富表达和创新呈现（具象）。记者要通过丰富的故事讲述，来演绎一处处历史遗存的当代呈现，折射这座城市的文化特质，进而令人信服地展示文化自信的“成都样本”。

在这样的调研目标引领下，采访小组先从在成都街头走一走开始。在街头采访的过程中，采访组发现了成都文化中不可忽视的“太阳神鸟”元素。地铁、公交、立交桥，街边的灯杆、脚下的井盖……蓉城随处可见太阳神鸟的“身影”。以金沙太阳神鸟金饰为代表的文化遗产，已经深度融入了现代文明和城市生活。位于城市中心的天府广场中心有太阳神鸟的形象，成都天府国际机场航站楼建成了太阳神鸟的形状。新晋网红地标成都龙泉山城市森林公园丹景台，有一个非常好听的名字叫“城市之眼”，而太阳神鸟就是它的“眼”。

于是，稿件也以“太阳神鸟”为题眼，通过街头生动的采访，用丰富的故事来串联，增加了稿件的文化厚度。

赓续文脉，汲古壮今。作为千年诗歌之城，诗意也是成都文化中独具一格的特色。为了发掘出成都的诗意文化，采访小组来到了成都的诗歌殿堂——杜甫草堂，通过对草堂研究学者、相关诗歌文化研究专家、普通市民和游客的深度采访，写出这座城市的诗意氛围。如今的杜甫草堂，不仅是“杜迷”们心中的朝圣之地，还与城市融为一体，成为独特的城市文化印记。

尤其是，游走成都街头，总会与诗人心有戚戚之感。晴空万里，遥望雪山，不禁吟唱“窗含西岭千秋雪，门泊东吴万里船”；路过浣花溪旁，总会想起“二十里中香不断，青羊宫到浣花溪”；坐在画舫游船里，从东门码头顺锦江南下，脑中忍不住浮现“锦江春色来天地，玉垒浮云变古今”……诗意，在城市每个角落流淌。

不局限于诗歌，采访小组还通过采访诗歌与川剧、音乐等多种形式的融合，讲述千年传承的诗意如何通过创新审美形式，为传统艺术注入了鲜活生动的新生命力。

烟火人间三千年，成都上下猛追湾。烟火气也是成都文化的独特之处。成都烟火何处寻，猛追湾里味正浓。通过采访猛追湾街道望平社区的望平滨河路，在成都定居的以色列小伙子阿布、来成都拍摄大运会纪录片的导演等诸多故事，展现了这座城市的繁华中的烟火气、风景之下的城市温度和幸福感。稿件还挖掘出这份烟火气背后的深刻文化基因：来自成都人千百年来养成的乐观通达与开放包容。历史上，成都曾因战乱兵祸几灭几生，最终能够挺过苦难再造辉煌，就是因为这种生生不息的精神，让他们可以直面苦难，乐观通达。

在文化自信稿件的采写中，记者遇到了很多有意思的人，在成都街头巷尾中也与很多有趣的故事不期而遇，还采访了很多文化研究方面的权威专家，不仅对成都文化进行了一次深刻的梳理，也是近年来对成都文化发展传承与创新的一次鲜活总结提炼。

让每个人都可以享受诗意的生活——这其实是千年来成都文化传承中一股涓涓流淌的生命力，包含着蜀地人民对生活的热爱、对生命的珍惜。

“文化兴国运兴，文化强民族强。”党的十八大以来，以习近平同志为核心的党中央把文化建设提升到一个新的历史高度。正如总书记所说，只有全面深入了解中华文明的历史，才能更有效地推动中华优秀传统文化创造性转化、创新性发展。此番采写城市文化自信稿件，也是一次对记者进行文化滋养的宝贵体验。

新华社记者：叶含勇、董小红

大同，城如其名，城市的文化血脉中镌刻着崇尚交往交流交融的基因。

秦汉名邑、北魏京华、辽金西京、明清重镇，大同地处内外长城之间，是蒙古高原进入中原的“咽喉”孔道，自古即为我国北方各民族混居之地。一部大同城市史就是一部鲜活的民族交融、文化交流、文明互鉴史。

习近平总书记在考察大同云冈石窟时强调，“云冈石窟是世界文化遗产，保护好云冈石窟，不仅具有中国意义，而且具有世界意义。”“要深入挖掘云冈石窟蕴含的各民族交往交流交融的历史内涵，增强中华民族共同体意识。”

和合汇融，美美与共。今时今日，拥有 2000 多年建城史的大同，以文化人、以文兴城、以文拓业，开和美之气象，启时代之光华。

和合美美
兴大同

——解码古都大同的文化自信样本

大同古城和城市街景交相辉映。（新华社记者杨晨光 摄）

ICBC
中国工商银行

文化汇融：“大同”的时代价值

2023年6月7日，一位外国游客在云冈石窟拍照留念。（新华社记者杨晨光 摄）

“华严寺里的辽代塑像、石经幢，善化寺里的金代雕塑一定不要错过。”

华严广场上，音乐教师吴艳青一边帮人指路，一边还不忘为游客推荐当地各具特色、风格迥异的著名文化景观。

早在2300多年前，赵武灵王推行“胡服骑射”，拉开了大同地区民族交融的序章。

到了汉代，大同商贸往来、文化交流日盛，留下了昭君出塞等诸多传说。

此后，鲜卑人将这里定名平城，立为都城，建立北魏。他们主动拥抱融合，深度推行变革。这些措施，成为后来大唐盛世的重要基石。

“鲁迅先生曾说唐人‘大有胡气’，意思是唐代继承了北魏时代开放包容的精神气质。”大同市古城保护和修复研究会秘书长宋志强说。

大同一度成为丝绸之路的东起点，异域胡商会聚、奇珍异宝云集，既是民族交融之地，又是中外文化交流的核心区域之一。

云冈石窟是这段历史最好的见证。开凿于北魏时期的云冈石窟，处处透露着胡汉杂糅、民族交融的精神气质，粗犷细腻，张弛各异，别具一格。在云冈二期的洞窟中，既有汉式建筑的富丽堂皇，又有古印

度建筑的雄浑壮阔、古希腊建筑的精巧柔美，众多截然不同的审美混同如一，相映成趣。

“和合汇融是大同城市历史的独特光芒。”大同市三晋文化研究会会长要子瑾说，这一光芒并未随时间流逝而黯淡，反而经由美食、人文气质、发展方略等方面深深沁入这座城市。

味觉是城市的共同记忆。以美食享誉的大同，叫得响的名吃并不限于产自本地，无论草原美食、生猛海鲜都能在这里化作代表本地风味的“招牌菜”。比如，不产小麦的雁北，却将刀削面变成其最负盛名的特色名吃。

在大同市美术馆大同好礼文创空间，琳琅满目的文创产品中，既有专业设计师的云冈千佛系列画作、瓦当月饼、“顶天立地”斗拱，精致华美，光彩照人；也有当地爱好者制作的布老虎、刺子绣、大同盘扣等，粗朴可爱，美感独特。

和谐共生的信念也深深植入大同追求高质量发展的城市战略当中。近年来，大同一方面推动蒙晋冀长城金三角区域合作不断加深；另一方面主动融入京津冀，从战略、产业到项目等层面不断加强协作和对接，着力打造山西对外开放的“桥头堡”。

文物“活”化：让城市神采奕奕

2023 年 6 月 8 日，游客在大同古城墙上游览。（新华社记者杨晨光 摄）

恢宏大气的云冈石窟、古朴精美的辽金巨刹、绵延千里的古老长城、五世纪丝绸之路、明清万里茶道……

在大同，千年风韵随处可见，历史脉动触手可及。

大同有全国重点文物保护单位 30 处、不可移动文物 3000 余处，1982 年即入选国家首批历史文化名城，是中国十大古都之一。

“在过去，对这些资源的重视和利用远远不够。盘活历史文化资源，成为时不我待的挑战与重任。”大同市文物局局长王伟说。

盘“活”历史文化资源，首先要保障这些珍贵文物安全“存活”。

武周山麓，云冈大佛的双眸曾目睹北魏工匠的钎开斧凿，现在则凝视着一个个年轻的身影，为留住古老石窟的“锦瑟年华”而忙碌。

借助数字化保护应用等新技术、新思路，一批精美文物得到展陈、研究和修复。云冈石窟研究院一批由“80 后”“90 后”担当主力的文保团队，通过石质文物修复、壁画及泥塑彩绘保护修复、数字化技术采集等，对石窟进行“问诊”“疗愈”的同时，也为它们建立“数字档案”。饱经风霜的石窟绽发光彩，高大精美的造像神完意足，流脉千年的文化得获新生。

文化风姿也悄然融入城市建设，走进人们的日常生活。

鼓楼东街，人流如鲫。一位妆容典雅端庄的舞者翩然而至，再现华严寺内合掌露齿菩萨神韵。莞尔一笑，惊鸿一瞥。以华严寺辽代菩萨彩塑为灵感设计的演出“千年微笑”，广受游客赞誉。

大同市中心华严广场音乐喷泉让人印象深刻的石柱，其原型正是大同的国宝级文物汉代连枝灯。城市街头外形如同松果的路灯，创意则源于大同出土的汉代博山炉。还有云冈石窟的凹凸石壁、壁画纹饰，也化身为广大市民手中的雪糕造型、伞面图案等。

青山上，古道边，数代长城遗址雄壮巍巍。“古长城文化遗产廊道建设始于 2022 年，给大同带来了更多的文气和人气。”大同市长城文化旅游协会会长袁建琴说。

北魏平城明堂原址修复，再添一处城市标志性建筑；数十座博物馆拔地而起，润物无声；云冈学从无到有，走进北京大学等高校课堂……

“大同的文化家底让更多人感受到了一种扑面而来的文化自信心、自豪感。”北京大学文博学院副院长张剑葳说，“厚重的历史、绵远的文脉、向上的民心，是今日大同精气神的底色。”

2023 年 6 月 8 日，游客在大同古城参观。（新华社记者杨晨光 摄）

文旅兴业：资源型城市蝶变

大同市平城区的御河生态林一角。（新华社记者杨晨光 摄）

大同自明清时代大规模开采煤炭，煤炭就与城市文化结缘。新中国成立以来，大同累计生产煤炭30多亿吨，为国家发展作出重大贡献。煤炭元素也作为大同城市文化历史长廊中的重要角色逐渐融入了城市文化主脉。

随着资源型城市转型进程不断加速、程度不断加深，古老的煤炭元素同样急切需要在大同城市文化坐标系中找到自己新的定位。

与云冈石窟遥遥相望的晋华宫国家矿山公园就是这种转型的一处缩影。在这里，游客可以穿上矿服、坐上矿车，来到地下150多米，触摸1.4亿年之久的侏罗纪煤系，也可以切身感受煤矿工人劳动的不易。23岁的魏敏出生于矿工家庭，作为矿山公园的讲解员，她对这份工作充满了热情："这份工作不但能让我更加理解父辈的奋斗历史，还能把我们'煤炭人'的历史文化分享给来自各地的朋友，我很珍惜这个岗位。"

文旅产业高质量发展，不但为转型中的大同提供了对历史文化元素重新定位的路径，更成为承载大同在长期多民族交往交流交融中所形成的文化资源优势，强劲推动城市转型升级提质的关键一招。

"长城就是咱们的宝，捧上这个金元宝，日子一天更比一天好……"古老的长城从邓玉祥家的房后蜿蜒而去，非常写实的民歌小调——"门楼调"唱出了她的新生活。

59 岁的邓玉祥在长城脚下出生、成长，又嫁到了同在长城边的大同左云县管家堡村。如今，许多游客既为长城而来，也为她烹制的羊肉、油糕以及她演唱的独具韵味的当地小调而来。

“门楼调”过去也被称作“讨吃调”，却成了邓玉祥的“兴家调”。十多年前她还因筹不出孩子们的学费而一筹莫展，如今她开在长城脚下的饭店年收入达到 10 多万元。

资源丰富的文旅产业，也吸引着越来越多的年轻人前来探索。

毕业于西安美院的“85 后”王星 2016 年嫁到大同。这里丰厚的文化资源激发出了她的创业灵感。现在，王星在大同古城内经营一家文创商品店。

千佛系列笔记本、“城墙君”玩偶、“玩转大同”手绘地图……王星从大同历史文化中汲取创意元素制作而成的文创产品受到欢迎。2023 年“五一”假期，她的文创产品卖了 8 万多元。“文化，就像千年不熄的燃灯，点亮了我的人生，也点亮了大同这座塞上古都。”望着古城内熙熙攘攘的人群，王星动情地说。

古城的一角，以昭君出塞传说打造的琵琶老店门前，挂出了客满的告示；念夏艺术中心门口排起的长龙，只为欣赏长城主题摄影展；不远处的“窦庐”内，游客们争相抽取古文字印章盲盒……创造性转化与创新性发展在大同的文化空间绽放出绚烂火花。

文旅正兴业，创新业更兴。大同母亲河——御河哺育城市千年之后，正见证其东岸蓬勃崛起的新兴产业之城。

装备制造、现代医药、通用航空、新材料、新能源等产业如雨后春笋般茁壮成长。上海润迅、海天瑞声等20多家数据呼叫、标注企业相继落地，带动上万人实现就业。从煤炭起家到多业并举，过去十年间，大同市非煤工业占比提高了10个百分点，资源型经济转型日益取得新进展。

和合汇融，古韵新章。美美与共，无限风光。

平邑、平城、大同，名字不同；秦汉、北魏、隋唐，时代不同。但是，大同城的文化基因中镌刻的华夏各族儿女追求和平繁荣的心愿是共同的。这份共同心愿中蕴含的强大能量，成为新时代大同踔厉奋进、拔节向上的力量之源。

新华社太原2023年6月18日电

新华社记者：赵东辉、柴海亮、王菲菲、刘翔霄、孙亮全

视频记者：原勋

编辑：王曙晖、杰文津、刘祯

扫描二维码查看视频

记者手记

我在大同觅大同

2023年6月，新华社连续播发20余篇“解码文化自信的城市样本”系列报道，每篇写一城，城城见精神。这些由新华社各相关分社社长“挂帅”的报道，质量上乘、寓意深远，几乎每篇都获全网置顶或全网推荐，得到业内好评、社会热捧。

山西大同有幸列为其中一城，山西分社经过深入策划研究，由分社社长牵头之外，又选定了三名总编室负责人和两名记者组建的“高规格”报道团队，作为跑口分工联系大同十年的记者，有幸又责无旁贷成为“解码文化自信的大同样本”篇的其中一员。

写城易，但写成难。

关于大同这座城市，以及这座城市里发生的变化、上演的故事，山西分社每年都要写大量的稿件，宏大的、轻巧的，厚重的、融合的，都有不少。但这次不一样，丹青难写是精神，如何精准破题、深远立意，将报道格局打开，推着我们不断反思：如何将大同写活，除了筋骨之外，写足精神？

大同是什么，大同有什么？

大同是我的分工调研基地，关于大同可以称得上“较为熟悉”，“秦汉名邑、北魏京华、辽金西京、明清重镇”，这些词语瞬间涌上心头，到底哪个是它最准确的身份、最贴切的认知、最深沉的特征？似乎都不是。再想想最有大同特色的东西：长城、古城、云冈石窟、悬空寺、华严寺、北魏、煤炭……也都只是一个个面。

为了回答这个问题，山西分社社长带领总编室负责同志和相关记者数次研讨，不断“头脑风暴”，最终找到了最朴素、本源的问题：大同是怎么来的？“大同”这个词到底是什么意思，“大同”这个名字又代表了什么？

回答了这些问题，似乎就能找到大同这座城市的气质与精神。和美与共，天下大同。这个“大同”与大同城是一回事吗？带着这些问题，我们数次来到大同，寻找文化学者、历史学者，走访古迹文物、博物馆，乃至在史书、文章中寻找答案。

大同市三晋文化研究会会长要子瑾，大同市古城保护和修复研究会秘书长宋志强，文化学者、大同日报社原社长李尔山等一批文化学者给出了共同的答案：大同，城如其名，是一座多民族交往交流交融之城。

地处内外长城之间的大同，是蒙古高原进入中原的“咽喉”孔道，自古即为我国北方各民族混居之地。早在2300多年前，赵武灵王推行“胡服骑射”，拉开了大同地区民族交融的序章。到了汉代，大同商贸往来、文化交流日盛，留下了昭君出塞等诸多传说。此后，鲜卑人将这里定名平城，立为都城，建立北魏。他们主动拥抱融合，深度推行变革。这些措施，成为后来大唐盛世的重要基石。

史学大家陈寅恪认为隋唐之制不出三源，其一便是北魏。鲁迅说“唐室大有胡气”，就是说唐代继承了北魏开放包容的气质。文化学者余秋雨也认为“隋唐从北魏走来”。

从平邑、平城……再到大同，其名字的变迁无不寄托着各族人民追求和平的美好意愿。明代从防御固守的九边重镇到息烽释戈的“隆庆议和”，也书写着同样的底色。一部大同城市史就是一部鲜活的民族交融、文化交流、文明互鉴史。

大同书写着“和美与共”，这不就是这座城市的气质和精神么？“和美共大同”“和和美美兴大同”，挖掘出大同蕴含的各民族交往交流交融的历史内涵，就能找到增强中华民族共同体意识的重要一笔。

寻找到最切合的主题，我们又开始寻找主题的见证。作为奇珍异宝的出土文物，见证着大同一度作为丝绸之路的东起点，异域胡商会聚、奇珍异宝云集的中外文化交流的核心区域之一。开凿于北魏时期的云冈石窟，处处透露着胡汉杂糅、民族交融的精神气质，粗犷细腻，张弛各异，别具一格，那里既有汉式建筑的富丽堂皇，又有古印度建筑的雄浑壮阔、古希腊建筑的精巧柔美，众多截然不同的审美混同如一。

从骨子里流传下的开放包容基因传递至今，甚至在作为城市的共同记忆的小小味觉上都深有体现。以美食享誉的大同，叫得响的名吃并不限于产自本地，无论草原美食、生猛海鲜都能在这里化作代表本地风味的“招牌菜”。比如，不产小麦的雁北，却将刀削面变成其最负盛名的特色名吃。从当地人的不排外、生活中的兼蓄并收，到城市的发展理念无不体现于此。

文化自信是对文化有自知、敢自胜的精神气质。大同的文化家底让更多人感受到了一种扑面而来的文化自信心和自豪感，厚重的历史、绵远的文脉、向上的民心，成为今日大同精气神的底色。

平邑、平城、大同，名字不同；秦汉、北魏、隋唐，时代不同。但是，大同城的文化基因中镌刻的华夏各族儿女追求和平繁荣的心愿是共同的。

经过分社数易其稿，编辑部老师妙手修改，拥有 2000 多年建城史的大同，其以文化人、以文兴城、以文拓业，和合汇融，美美与共的形象终于跃然纸上。

新华社记者：孙亮全

唐代画家阎立本《步辇图》，是我国十大传世名画之一，描绘了唐贞观年间，吐蕃王松赞干布为迎娶文成公主，派使臣禄东赞觐见唐太宗李世民的历史场景。

当时，松赞干布已迁都吉曲河下游的逻些。逻些，就是今日的拉萨城，吉曲河就是拉萨河。

建城近 1400 年的高原古城拉萨，因历史悠久，涵养独特厚重文化；因交流互鉴，展示包容自信气度；因开放创新，赋予历久弥新活力。

千秋交融向未来

——解码高原古城拉萨的文化自信样本

图为布达拉宫（2023 年 6 月 15 日摄）。
（新华社记者姜帆 摄）

一条街：融古今『欢好』『新好』

游客身着藏装在八廓街拍照留念（2023 年 6 月 13 日）。
（新华社记者姜帆 摄）

走进八廓街，便走进了拉萨千年的历史画卷——

位于八廓街的大昭寺，有着1300多年历史，供奉着唐文成公主进藏所携释迦牟尼12岁等身佛像；大昭寺门前唐蕃会盟碑，铭刻着汉藏民族“欢好之念永未沁绝”“立碑以更续新好”之誓愿；八廓街北街，是清朝中央政府于雍正六年（1728年）在西藏设立的第一座驻藏大臣衙门旧址……

八廓，藏语意为“中圈”，是一个围绕大昭寺形成的圆形街道。这里居住着以藏族为主的藏、汉、回、门巴等20多个民族的群众，迷宫般的35条街巷通达四方，分布着4000多家商业网点，每天迎来众多游客。

2021年7月，习近平总书记到西藏庆祝西藏和平解放70周年并进行考察调研时，步行察看了拉萨八廓街风貌，走进特色商品店，询问旅游文创产业发展、藏文化传承保护等情况。总书记表示：“千年八廓街，是我们各民族建起来的八廓街。各民族文化在这里交流交往交融，我们中华民族的大家庭在这里其乐融融。”

与八廓街仅隔数条街区的西藏博物馆新馆，于2022年7月正式对外开放。这一西藏“十三五”期间重大公共文化惠民工程，国家总投资达6.6亿元。

西藏博物馆新馆占地面积达6.5万平方米，馆藏藏品52万余件，其中珍贵文物 4 万余件（套），是西藏唯一集典藏、展示、研究、教育、服务等功能为一体的国家一级现代化综合博物馆。

新馆《雪域长歌——西藏历史与文化》《离太阳最近的人——西藏民俗文化》两大基本陈列展，展示了西藏独具特色的历史文化发展脉络，大量公文、信函等历史文书档案，实证我国各民族共同开发西藏、建设西藏、保卫西藏和维护祖国统一、民族团结的历史。

与现代博物馆相呼应的另一道城市“文化景观”则隐于地下，信息丰富。

距今约 3200 至 3400 年的拉萨曲贡遗址，考古发掘出土了大量文化遗存，以及迄今西藏年代最早的金属器。近年来，通过植物考古学

对遗址出土的小麦、青稞、粟等进行分析，证明在史前时期，这片土地就与中亚、东亚、南亚有着广泛的交流。

历史悠久、文化灿烂的拉萨，有着跨越大山、高原的胸襟。

“夏帽嘎布尼泊尔店”是八廓街上著名的“百年老店”，主营尼泊尔生产的铜鎏金佛像，以典型的藏族建筑特色、浓郁的尼泊尔风格吸引着游客。现任家族继承人、年过 60 的热特那·古玛·吐拉达哈介绍，一百多年前，他的祖父骑马驮着服装、大米、火柴等商品，从尼泊尔到拉萨做生意，后来租下一间店铺，落户拉萨。

“一百多年来，得益于中尼两国的友好关系，‘夏帽嘎布’在这里收获最大的就是友谊。”他说。

图为拉萨市全景（2023 年 3 月 30 日摄 无人机照片）。（新华社记者孙非 摄）

一座殿：承千年文脉、气韵

工作人员在粉刷布达拉宫（2020 年 10 月 28 日摄）。
（新华社记者晋美多吉 摄）

雄踞拉萨红山之巅的布达拉宫，是拉萨最著名的城市标志，我国第一批全国重点文物保护单位之一。

布达拉宫始建于公元 7 世纪，因其独特的建筑、浩瀚的宫藏文物，被誉为“藏民族历史文化艺术的宝库”。

长期以来，党和政府高度重视西藏文化的保护传承和发展。

1989 年 10 月，布达拉宫迎来史上第一次大规模修缮，1994 年工程竣工验收，同年，布达拉宫被联合国教科文组织列入《世界遗产名录》。此后，国家又相继投入巨资，两次对布达拉宫进行大规模修缮。

2018 年年底，国家投入 3 亿元专项资金，实施为期 10 年的布达拉宫古籍文献保护利用工程。“工程将采用现代科技与古文献保护相结合的方法，让更多珍贵古籍文献重获新生。”布达拉宫管理处文保科科长边巴洛桑说。

对民族文化的珍爱和维护，成为拉萨全民自觉。

布达拉宫每年一次的墙体粉刷“美颜”工程，都会吸引来自拉萨及西藏各地的信众加入其中，或背运涂料，或搅拌浆水，或亲手刷墙……大家心情欢快，场面动人。

拉萨罗布林卡，是全国重点文物保护单位和世界文化遗产，收藏了

在罗布林卡，久米次成（左）与同事搬运准备进行普查登记的古籍（2023 年 4 月 19 日摄）。（新华社记者晋美多吉 摄）

包括贝叶经在内的大量珍贵古籍文献。这是“西藏工匠”久米次成用心守望之地。从2006年开始，这位精通梵文、身怀古籍修复绝技的藏族文物保护工作者全身心投入西藏贝叶经的收集、修复保护工作中，以“修旧如旧”的高超修复技术，为古籍“续命”。

这些年，作为罗布林卡管理处古籍普查团队的一员，久米次成又埋头于西藏古籍的普查登记工作。如今，他所在团队已完成对罗布林卡1800余函、超过29万叶珍贵古籍文献的普查建档工作。

“祖先用智慧、勤劳、艰苦奋斗保留下来的文物，应该在现代文明社会得到传承、保护和发扬。”久米次成说。

在传承中发展，在发展中保护——一个融“乡愁”“文脉”于一体、传统又现代的拉萨，以经久魅力屹立高原。

一台戏：展时代活力、生机

图为大型实景剧《文成公主》演出现场（2019 年 10 月 31 日摄）。（新华社记者李鑫 摄）

夜幕降临，位于拉萨河南岸慈觉林村的西藏文化旅游创意园区内灯光璀璨，歌舞欢腾。

晚上七点前，村民索朗次仁喂饱自家的百余只羊，然后把羊群赶到附近大型实景剧《文成公主》演出现场，重现千年前吐蕃时期牲畜繁旺的景象。

实景剧《文成公主》，以现代歌舞剧艺术形式，讲述当年文成公主与松赞干布和亲的历史故事。大唐歌舞和藏戏的融合，舞台艺术与自然山川的呼应，历史人物与美好主题的展示，让人领略不一样的西藏文化。自 2013 年开演以来，已累计演出超 1600 场，旅游综合收入超 15 亿元，成为拉萨的一张旅游名片。

以文化为灵魂，以旅游为载体，活态传承，文旅融合——拉萨市以文化业态创新，助推经济社会高质量发展。

吉本岗艺术中心，是近年来拉萨新的旅游“打卡地”，它隐于八廓街北静谧院落里，是西藏首个由古建筑保护性改造而成的文化艺术空间。

在这里，人们可以领略拉萨罕见的坛城式古建筑与绝美的清代壁画、观赏从修缮中发掘的玛尼石刻片、聆听西藏古典音乐、阅读西藏历史故事……“这种全新的视听表达，呈现了拉萨的历史和文脉，让古

图为大型实景剧《文成公主》演出现场（2020 年6月1日摄）。（新华社记者詹彦　摄）

在第五届藏博会现场，工作人员向顾客介绍产品（2023 年 6 月 18 日摄）。（新华社记者孙非 摄）

建筑‘涅槃重生’。”32 岁的拉萨小伙次旺扎西说。

创新，赋予古老藏文化新生机。

这些年，西藏完成传统八大藏戏舞台数字化工程，舞台剧藏戏《文成公主》、西藏首部少儿舞台剧藏戏《顿月顿珠》走出高原，走向全国；每年夏季的拉萨雪顿节作为国家级非物质文化遗产项目，已发展成为集文艺汇演、体育竞技、商务洽谈、旅游休闲于一体，传统与现代相融合的文化旅游盛会。

2023 年 6 月 16 日至 18 日，第五届中国西藏旅游文化国际博览会在拉萨举办，吸引了来自海内外近千家企业参与，参展产品近万种。

45岁的旺久泽巴来自不丹首都廷布，他们一行4人专门来参加藏博会展销活动，带来了价值约30万元的手工艺品。他告诉记者："这是我第一次来拉萨，也是第一次参加藏博会。拉萨市民非常友好热情，我们的商品销量很不错，下次有机会我还会再来。"

党的十八大以来，西藏文化发展成果丰硕，各族群众文化参与感、获得感和幸福感显著增强。2023年5月，在中国美好生活城市发布盛典上，拉萨因美好生活综合满意度表现突出，上榜"十大旅游向往之城"。

"近1400年的历史里，拉萨始终以其古老、神奇的姿态，像一颗璀璨的明珠，闪耀在莲花般盛开的山峰间，磁石一般吸引着四面八方人们的眼球。"藏族女作家德吉措姆在其《流淌的吉曲河》一书中的这段话，生动表达了高原古城拉萨的文化自信。

新华社拉萨2023年6月18日电
新华社记者：曹健、边巴次仁、春拉
视频记者：洛卓嘉措、索朗德吉、陈泽鹏、孙非
编辑：王曙晖、廖翊、贾真、刘祯

扫描二维码查看视频

记者手记

以古城之文　化当世之心

拉萨是西藏自治区首府城市，是西藏的政治、经济、文化和科教中心，1982 年被评为国务院首批公布的我国 24 个历史文化名城之一，是我国在世界范围内旅游热度最高的城市之一。

如何让古城拉萨近 1400 年厚重的历史文化变迁与全新的时代命题碰撞出夺目的火花？

记者通过“西藏历史文化名片”的巧妙视角，即一条街，八廓历史文化名街；一座殿，世界文化遗产布达拉宫；一台戏，汉藏经典文化大型实景剧《文成公主》，徐徐展开了古城拉萨文化自信的力量源泉、实践探索及其在新时代巨变中蕴含的文化自信力量。

一、“历史说话，以史育人。”唐代画家阎立本《步辇图》，是我国十大传世名画之一，描绘了唐贞观年间，吐蕃王松赞干布为迎娶文成公主，派使臣禄东赞觐见唐太宗李世民的历史场景。

在这幅传世名画的历史背景下，记者引出古城拉萨千年建城史，并寻着古人的足迹，走进古城拉萨发源地——我国历史文化名街八廓街。

因为这里拥有：供奉有唐文成公主进藏所携释迦牟尼 12 岁等身佛像

的世界文化遗产大昭寺；铭刻有汉藏民族“欢好之念永未泌绝”“立碑以更续新好”之誓愿的唐蕃会盟碑；清朝中央政府于雍正六年（1728年）在西藏设立的第一座驻藏大臣衙门旧址……这些历史遗迹，无一不静静地实证着汉藏民族团结、民族交融、同为一体见证的历史故事。

因为这里居住有以藏族为主，汉族、回族、门巴族等20多个民族的群众，通达四方迷宫般的35条街巷，分布有4000多家的商业网点以及每天迎来送往的五湖四海众多游客……这些鲜活的事例，无一不折射出，2021年7月习近平总书记到西藏庆祝西藏和平解放70周年并进行考察调研时的总结：“千年八廓街，是我们各民族建起来的八廓街。各民族文化在这里交流交往交融，我们中华民族的大家庭在这里其乐融融。”

同时，记者通过与八廓街仅隔数条街区的西藏博物馆新馆及其内正在陈列的历史文化民俗展览、与现代博物馆相呼应的另一处城市“文化景观”——曲贡遗址、八廓街“夏帽嘎布尼泊尔店”百年老店，进一步展现了自古以来，古城拉萨跨越大山、高原的胸襟。

二、**“在传承中发展，在发展中保护。”**世界文化遗产布达拉宫始建于公元7世纪，被誉为“藏民族历史文化艺术的宝库”，是我国第一批全国重点文物保护单位之一。

以布达拉宫为例，记者通过布达拉宫“三大维修”工程、历时10年，正在开展的珍贵古籍文献保护利用工程等，讲述了党中央长期以来为西藏文化的保护传承与发展所做出的努力与实践。

同时，记者通过布达拉宫一年一度的墙体粉刷“美颜”工程，以及在世界文化遗产罗布林卡用心守望大量珍贵贝叶经的“西藏工匠”久米次成的故事，展现了拉萨全民对珍爱和维护民族文化的全民自觉。

稿件最终体现了在国家和西藏自治区各级政府以及全民的共同努力下，一个融“乡愁”“文脉”于一体、传统又现代的拉萨，以经久魅力屹立高原。

三、“创新，赋予古老藏文化新生机。”夜幕降临，位于拉萨河南岸慈觉林村的西藏文化旅游创意园区内灯光璀璨，歌舞欢腾。

稿件第三部分，记者通过一台戏，汉藏经典文化大型实景剧《文成公主》，展示了古城拉萨在新时代巨变中焕发的活力与生机。

这台戏，以现代歌舞剧艺术形式，讲述当年文成公主与松赞干布和亲的历史故事。这台戏，以大唐歌舞和藏戏的融合，舞台艺术与自然山川的呼应，让人领略不一样的西藏文化。自2013年开演以来，该剧已累计演出超1600场，旅游综合收入超15亿元，成为拉萨的一张旅游名片。

党的十八大以来，与大型实景剧《文成公主》一样，拉萨市以文化为灵魂，以旅游为载体，助推经济社会高质量发展的文化业态创新案例随处可见。

记者通过例举西藏首个由古建筑保护性改造而成的文化艺术空间——吉本岗艺术中心、西藏传统八大藏戏舞台数字化工程以及传统与现代交织的雪顿节、藏博会等，进一步展现了古城拉萨赋予古老藏文化新生的时代活力、生机与文化自信。

新华社记者：边巴次仁、春拉

“扬州是个好地方，依水而建、缘水而兴、因水而美，是国家重要历史文化名城。”2020 年 11 月，习近平总书记到扬州考察调研时这样评价这座古城。

这里处江河交汇之地，望运河帆影、枕长江涛声，与中华文明两大“动脉”结成命运共同体；这里因历代文人墨客留下的无数名篇而成为中国历史上最“脍炙人口”的城市之一，“烟花三月下扬州”令多少人心向往之。

“要把大运河文化遗产保护同生态环境保护提升、沿线名城名镇保护修复、文化旅游融合发展、运河航运转型提升统一起来”。沿着总书记指引的方向，昔日运河原点，再担大运河文化保护传承利用重任，深厚的历史文化底蕴与悠远的文脉传承为古城注入新的发展动力，“好地方”开启新篇章。

江河交汇育文昌

——解码古城扬州的文化自信样本

一艘观光船驶过古运河湾（无人机照片，2023 年 6 月 14 日摄）。
（新华社记者杨磊 摄）

水运水韵 文脉滔滔

扬州市中心的文昌阁（2023 年 6 月 14 日摄）。
（新华社记者杨磊 摄）

由长江入运河，瓜洲古渡、运河三湾、瘦西湖……“运河十二景”串珠成链；市中心，始建于明代的文昌阁重檐攒尖，仍是城市地标；园林修造、古琴制作、雕版印刷等传统非遗活跃在街巷间……诗画扬州，古今辉映。

万里长江东流，千里运河纵贯，距离扬州主城仅30分钟车程的瓜洲古渡，正位于两条中国黄金水道的十字交汇点上。唐代鉴真东渡曾五过瓜洲，北宋王安石也曾“泊船瓜洲”。如今，瓜洲古渡风景区已成热门“打卡地”。

“开邗沟，筑邗城”，公元前486年，吴王夫差以邗沟沟通长江、淮河两大河流。自此，春秋筑城，汉置郡国，隋通运河，唐开港埠，至宋元烽火，明清兴衰，扬州几度富庶繁华，历尽废池乔木。

“这是一座通史式的千年名城，兴衰与大运河息息相关。”知名运河文化学者顾风说。扬州曾凭借漕运之利成为“南北要冲，百货所集”，后随漕运、盐运废除和铁路运输兴起，一度沦为文人笔下“僻处江北，斗大一城”。

2014年6月22日，大运河在第38届世界遗产大会上获准列入《世界遗产名录》。作为牵头城市，扬州共有10个遗产点、6段河道跻

图为 2022 年 5 月 25 日拍摄的扬州市运河三湾景区（无人机照片）。（新华社记者李博 摄）

身世界遗产，也成为江苏省唯一全域划入大运河文化带国家规划核心区的设区市、全省大运河国家文化公园先行建设城市。运河原点城市，再获发展机遇。

昔日南粮北运，如今南水北调。位于江苏扬州的江都水利枢纽，一块刻有“源头”字样的石碑静静矗立。每年，有数十亿立方米长江水从这里输出，润苏北、济齐鲁，送至千里之外的华北地区。

昔日水工景观，如今文化地标。明万历年间，扬州知府郭光复舍直改弯，把古运河 100 多米长的河道变成 1700 米，实现了抬高水位、驯服急流，留下“三湾抵一坝”的水工景观。如今，三湾风景区草木葱茏，水蜿蜒、路逶迤、景连绵，人们乐享其中。

水运水韵，脉动千年，生生不息。历尽沧桑的大运河扬州段，不仅从未断航，更以前所未有的偾张活力，肩负新的使命。

入夜的三湾畔，扬州中国大运河博物馆宛若一艘巨轮横卧，紧邻的大运塔在明暗交错的灯光下熠熠生辉。2023 年 6 月 16 日，这项展示中国大运河全流域、全历史周期的标志性工程迎来正式开放两周年。开馆以来每天 1.8 万张免费预约门票常常秒空，参观者突破 400 万人次。

“从零藏品、零展品，到获评全国博物馆十大陈列展精品奖、最具创新力博物馆，得益于千年运河文化的滋养。”馆长郑晶说，“博物馆收藏过去，面向的是未来。”

运河边的扬州中国大运河博物馆（无人机照片，2021 年 10 月 25 日摄）。（新华社记者季春鹏 摄）

古城焕新 近悦远来

游客在何园参观游玩，何园被称为“中国晚清第一园”（2023 年 6 月 14 日摄）。（新华社记者杨磊 摄）

有着千年历史的东关街上，市民杜祥开用自家平房与天井打造出“祥庐”，小桥流水，亭台假山，锦鱼畅游，匾额楹联。20 世纪 90 年代开始，他自己动手，占地约 120 平方米的民居院落，硬是腾出 40 平方米造园。现在一有时间，杜祥开就会敞开大门，欢迎慕名而来的游人“打卡”。

晚明时期，文人计成在扬州写下造园宝典《园冶》，首次总结出中国传统自然山水式造园“虽由人作，宛自天开”的理想。杜祥开说：“祥庐虽小，但与‘巧于因借，精在体宜’的理念一脉相承。”

全长 700 米的仁丰里，有着清晰的鱼骨状街巷体系。因为爱上古街巷，巴西人约瑟夫和扬州人高海霖在这里合开了家西餐厅。“在这里能看到扬州城的‘里子’。”70 岁的高海霖说。

2500 多年的建城史，为扬州积淀了丰厚的文化遗存。古街老巷纵横交错，串起了名胜古迹，也收藏市井风情。

早上“皮包水”，品尝扬州早茶、蟹黄汤包、大煮干丝，食不厌精，脍不厌细；晚上“水包皮”，体验“扬州三把刀”沐浴、修脚、采耳、美发等非遗技艺，享受扬州人的精致生活……文化旅游产业成为城市的支柱产业。2023 年 1 月至 5 月，扬州 58 家 A 级景区累计接待

扬州皮市街的小书店（2023 年 6 月 14 日摄）。（新华社记者杨磊 摄）

游客 2769.74 万人次，同比增长 124.09%。

"一曲广陵散，绝世不可写。"魏晋时期的嵇康以善弹此曲而著称于世，在中国音乐史上留下浓墨重彩的一笔。如今，广陵琴派的雅集、展演等交流活动活跃，琴筝产业发达，扬州古琴产量已占据全球 80%。

一座城市打通审美与日常、历史与现实，有自然的岁月沉淀，更离不开政府持续有效作为。

1957 年，扬州制定城市总体规划，为古城保护奠定坚实基础。此后数十年历经五轮修规，始终坚持"护其貌、美其颜、扬其韵、铸其魂"。如今，5.09 平方公里的明清历史城区完整保护，拥有东关街、仁丰里、湾子街、南河下四大历史文化街区、七组传统建筑群。拥有联合国人类非遗代表作名录项目 4 个，国家级非遗项目 20 个。一条文昌路，汇集唐代石塔、宋代古井、明代文昌阁、清代运司衙门等历史遗存，实现"唐宋元明清，从古看到今"。

古城是扬州城市的"母体"，更是文化的源流和市民精神的家园。从 2015 年开始，扬州拿出最繁荣、最漂亮、离老百姓最近的地方建设城市书房，构建"15 分钟阅读圈"。目前，主城区已建成城市书房 51 家，如星光洒遍全城。

诗情画意，“好地方”开启新篇章

瘦西湖景区景色（2023 年 6 月 15 日摄）。
（新华社记者杨磊 摄）

《旧唐书》记载：“天下文士，半集维扬”。据不完全统计，唐代有150多位诗人写下吟咏扬州的诗篇超过400首，让这座城市充满诗情。

站在瘦西湖熙春台远眺，绿树、碧水、青瓦勾勒出的优美曲线，将人们的视线带向天际；入夜，一场大型沉浸式夜游，更令人们徜徉在“天下三分明月夜，二分无赖是扬州”的画意之中。

守护一湖碧水，瘦西湖铺设完成直径1.6米、长6000米的“活水工程”，实现了“死水变活、活水变清”；守护干净的天际线，扬州在立法保护的同时，自创“放气球”限高方法，若在景区看得见设计高度的气球，就必须降低建筑高度。中国工程院院士张锦秋曾感慨：“行走在一处城市景区，看不到一幢高楼，这在现代城市里简直是个奇迹。”

“北郭清溪一带流，红桥风物眼中秋，绿杨城郭是扬州。”清代诗人王士祯曾诗赞扬州。如今，“绿杨城郭”作为扬州的城市底色，早已化为行动自觉：均衡布局300多个生态体育休闲公园，市民步行10分钟就可抵达“口袋公园”，城市建成区绿化覆盖率近45%；全域推进长江大保护、江淮生态大走廊建设，加快打造七河八岛、三江营、高宝邵伯

湖群生态岛试验区；着力培育汽车及零部件、海工装备和高技术船舶、生物医药和新型医疗器械等高新产业……扬州协同推进降碳、减污、扩绿，促进经济社会发展全面绿色转型。

唐代诗人张祜笔下的“十里长街市井连”，尽显昔日扬州的开放繁荣。在唐代，扬州是中国东南第一大城市，是江南所产粮、盐、铁向北转运的中心和著名的国际贸易港口。当时侨居扬州的日本、高丽、波斯、大食人有数千之多。

今天，大运河、长江水文化的包容与开放化作人文交流纽带、经贸发展动能。扬州与25个国际组织（机构）、47个世界运河城市建立常态沟通机制；举办世界运河城市论坛、世界运河古镇合作机制会议，携手全球运河城镇推动可持续发展；提档升级马可·波罗纪念馆，打造中意美食产业园；全市约有来自65个国家（地区）的1400家外商投资法人企业……

昔日淮左名都，如今聚力产业科创名城、文化旅游名城、生态宜居名城建设，争做长三角一体化高质量发展、大运河文化带建设、“美丽中国·水韵江苏”建设的示范，奋力把“好地方”建设得好上加好、越来越好，让中国式现代化在扬州充分展现可观可感的现实图景。

依水而建、缘水而兴、因水而美，走过 2500 多年，扬州依旧与江河血脉相连，光彩更胜往昔。

新华社南京 2023 年 6 月 19 日电
新华社记者：刘亢、凌军辉、蒋芳、陆华东
视频制作：陈立彬、刘宇轩、张卓君
编辑：王曙晖、贾真

扫描二维码查看视频

记者手记

扬州不止三月

中国人对扬州这座城市的向往是“季节性”的，一句“烟花三月下扬州”，让烟花三月成为江南春色的核心标识，化作集体的乡愁。

回顾扬州 2500 多年的历史，则会发现这座城市不是一期一会，而是四时皆美。它是除了统一的中央集权王朝所设都城以外，唯一城池未经迁徙、叠压脉络清晰的地方城市，因此在我国首批 24 座历史文化名城中占据一席之地。到了文人的笔下它更是全程高光，《旧唐书》记载：“天下文士，半集维扬”。据不完全统计，仅一个唐代就有 150 多位诗人写下吟咏扬州的诗篇超过 400 首。

然而，真正读懂这座城市，理解这座城市作为文化自信样本的独特性，必须到现场走一走，才能真正填补那些在当代的扬州、历史的扬州以及想象的扬州之间的诸多“空隙”。

记者在扬州采访途中有三种感受，恰好都很契合调研的主题。首先最直观的，是地理上得天独厚的“江运交汇”。南北向的运河和东西向的长江，是中国古代两条运量最大的“高速公路”，在“黄金十字”的交汇点，有着久负盛名的“京口瓜洲一水间”的瓜洲古渡。瓜洲“始于晋，盛于唐”，伊娄运河的开挖使瓜洲成为当时大江南北的“咽喉”、漕运盐运的“要冲”，鉴真六次东渡五次经过瓜洲，北宋王安石也曾“泊船瓜洲”。不过，老瓜洲早就带着大量历史遗迹一起“沉没”，是大运河、长江国家文化公园的建设给瓜洲重生的机会。如今，漫步在修葺一新的瓜洲古渡公园，还可以看到数字技术复活的“瓜洲”。

而在施桥船闸又能看到另一番景象，这里有3座现代化船闸，连续6年通过量超过3亿吨，2022年达3.21亿吨，是当之无愧的内河航运第一闸。受访对象介绍，“第一闸”是江河交汇支撑长三角崛起为世界经济重要板块的一个缩影，以前人们常说大运河上漂来紫禁城，今天我们可以说，长江和大运河共同托举着长三角板块，也托举着扬州这座城市。

其次是古今相宜的“诗情画意”。回到唐诗的话题，2023年一部电影《长安三万里》得到很多人的喜爱，电影里除了长安，反复提及的一座城市就是扬州。除了李白在扬州留下许多的名篇，还有一位扬州诗人张若虚的代表作《春江花月夜》素有“孤篇盖全唐”之誉，直到最近，只要能现场流利背诵全文的游客就能免费夜游瘦西湖。但想想又不意外，这座城市与中华文明两大“动脉”长江、运河结成命运共同体，怎能不吸引文人墨客?

采访中最令我印象深刻的是，古代的诗情画意至今仍原汁原味地保留下来。站在熙春台远眺，天际线只有一条由绿树、碧水、青瓦勾勒出的优美曲线，看不到一处现代建筑。而守护这样一条干净的天际线，扬州坚持了几十年，除了立法保护，当地还自创“放气球”限高方法，若在景区看得见设计高度的气球，就必须降低建筑高度。不仅如此，占据了城市主干道文昌路的“C 位”的不是什么摩天大楼，而是一座始建于明代的文昌阁，周边从商业综合体到公交车站台，建筑风格均是古色古香。

第三是扬州人骨子里的文化自信。扬州有“巷城”之称，5.09 平方公里的老城区，巷子纵横阡陌，曲折蜿蜒，既收藏历史，也藏着扬州人最真实的生活。采访中有两个人很有意思：一个是皮市街上边城书店的老板王军。他的店铺里间是工作室，用于修复古籍，算作爱好；外间沿街做书店，售卖古籍衍生产品，算作生计。还有一个家住在东关街上、个园旁边的杜祥开。老杜在 20 世纪 90 年代把自己只有 120 平方米的普通老民居院落辟出 40 平方米建造了“祥庐”，小桥流水，亭台假山，锦鱼畅游，匾额楹联。好客的老杜领着我参观了好几处小园子，最精巧的甚至只有几个平方米。他还给我补上了一课，那句最出名的“虽由人作，宛自天开”就出自扬州人计成的《园冶》，至今被奉为中式造园宝典。

比古籍、园林进入寻常百姓家更有意思的是，美食、洗浴皆可为文化。扬州人挂在嘴上的一句“早上皮包水，晚上水包皮”，前者是扬州早茶文化，后者晚上说的则是澡堂文化。可见，这座城市是真正打通了审美与日常、历史与现实，厚重的文化不仅收藏在博物馆，体现在地标上，更藏在街巷的肌理，闪烁在每个普通人的生活中……这或许也是中国文化历久弥新、文脉生生不息的真实模样。

新华社记者：蒋芳

“匠从八方来，器成天下走。”延绵千年的窑火，孕育瑰丽陶瓷文化；碧海帆路，远播璀璨中华文明。

2000 多年的冶陶史，1000 多年的官窑史，600 多年的御窑史……成就“千年瓷都”景德镇。

文化穿越时空，瓷都再起宏图。

今日景德镇，在传承陶瓷文化中锐意创新，积极培育文化旅游新业态，着力打造对外交流新平台，走上一条文化引领城市发展之路。

文越山海 瓷韵长

——解码『千年瓷都』景德镇的文化自信样本

图为航拍的景德镇御窑博物馆（受访者供图）。（新华社发）

在守护、传承中“活起来”

图为御窑博物馆夜景（2023 年 5 月 15 日摄）。（新华社记者卢哲 摄）

1000余年前，这里因出产的瓷器“明如镜、薄如纸、声如磬”，被宋真宗以年号“景德”赐名，延续至今。

“三洲四码头、四山八坞、九条半街、十八条巷、一百零八条里弄。”千年过去，漫步景德镇，一处处陶瓷文化遗存讲述着因“瓷”而生、因“瓷”而名、因“瓷”而兴的城市故事。其中，御窑厂遗址最为珍贵，历史上，这里曾为明清两朝27位皇帝烧造皇家御用陶瓷。

“景德镇以御窑厂遗址为中心展开城市布局，每一个空间几乎都和瓷有关。”景德镇市陶瓷考古研究所名誉所长江建新介绍说。

这种布局，凝结了古人智慧，涵养着瓷都文化，蕴含着城市灵魂。

为了更好地保护千年遗存、传承千年文脉，2015年起，景德镇市以御窑厂遗址为中心划定保护区，地处保护区内的景德镇市委、市政府办公大楼搬迁为之“腾地”；散布全城的150多处老窑址、108条老街区等文化遗存，被政府列为“一号工程”进行抢救式保护修缮。

景德镇御窑博物院院长翁彦俊介绍，御窑厂遗址已列入《中国世界文化遗产预备名单》，目前，景德镇正以御窑厂遗址为核心申报世界文化遗产。

距御窑厂遗址不远，珠山大桥横跨昌江，72尊人物铜雕分立大桥

图为景德镇御窑博物馆内展出的古瓷片（2023 年 5 月 16 日摄）。（新华社记者卢哲 摄）

景德镇御窑博物院，工作人员在古陶瓷基因库里工作（2023年5月16日摄）。（新华社记者周密 摄）

两侧，寓意景德镇制瓷72道主要工序，也是景德镇数以万计陶瓷工匠艰辛劳作、传承技艺的写照。

国家级技能大师占绍林30多年只做一道工序——拉坯，练就了“手随泥走、泥随手转”的绝活。“我的手艺是从师傅手中传下来的，我要把这门手艺传给更多人。”占绍林说，他先后培养了近5000名徒弟。

目前，景德镇拥有非物质文化遗产保护名录项目26项、国家（省）级以上代表性传承人190人，陶瓷及相关行业从业人员多达15万人，接近城区人口的四分之一。

“推动文物活化利用，推进文明交流互鉴，守护好、传承好、展示好中华文明优秀成果。”习近平总书记的重要指示，指引千年瓷都新时代前行方向。

复活文化遗存、传承不朽匠心、解析古瓷基因，既是守护“千年瓷都”的根与魂，也是景德镇肩负的新使命。

一年前，全球首个古陶瓷基因库在景德镇御窑博物院挂牌成立。来自北京大学、清华大学、故宫博物院等院校和机构的专家齐聚景德镇，以当地海量古瓷片为研究对象，以现代技术解析古代陶瓷文明的起源、发展和变迁，展示景德镇深厚文化底蕴，让古陶瓷“活起来”。

在融汇、创新中『潮』起来

图为航拍的陶溪川文创街区（受访者供图）。（新华社发）

蓝白相映，怡然成趣，晶莹明快，美观隽永——作为中华传统名瓷重要代表，景德镇青花瓷闻名天下。

36 岁的蔡文娟是土生土长的景德镇人，生于青花世家。从她的曾外祖父开始，几代人靠画青花谋生。传至她手中，青花焕发新彩。她创造性地将传统青花呈现在手机壳、丝巾、咖啡杯上，有的还成了故宫联名文创产品。

“没想到，古老的青花成为时尚‘国潮’。”蔡文娟说。

“汇天下良工之精华，集天下名窑之大成。”融汇、集成，创新、出彩，是千年瓷都的传统和精神——

2014 年，一件景德镇御窑产明成化斗彩鸡缸杯亮相香港拍卖会，以 2.8124 亿港币成交，刷新当时中国瓷器最高拍卖纪录。

明宣德年间，斗彩诞生，至成化时期，引领御瓷。工匠在前人基础上，创造性地将釉下青花与釉上五彩相结合，在保持青花幽靓典雅特色的同时，增加了五彩浓重的色调，彼此映衬，美妙传神，赢得明代“彩瓷之冠”声誉。

2019 年，景德镇唐英纪念馆开馆，参观者络绎不绝。

作为清代督陶官，唐英在景德镇长达 20 多年的御窑管理中，躬身学习，潜心钻研，其亲自督导和烧造的瓷器“既仿古集成，又采今创新”，精美无比；同时，还组织编撰了完整记录景德镇制瓷工艺的专著《陶冶图说》。

景德镇北“唐英大道”上，车辆川流不息。学习、创新、创造的精神，流淌在瓷都人血液里。

2019 年 8 月，经国务院同意，国家发展改革委、文化和旅游部印发《景德镇国家陶瓷文化传承创新试验区实施方案》，创新热潮在千年瓷都涌动。

如今，每到周末，夜幕降临，景德镇陶溪川文创街区人头攒动，游客们在此感知瓷都厚重，体会时尚新潮。2023 年“五一”假期，景德镇累计接待游客 523 万人次，同比增长超 200%，瓷文旅点亮“新经济”；

位于景德镇昌南新区的微瓷科技有限公司，率先将 3D 打印技术运用到艺术陶瓷领域，游客可在制瓷工坊把心中的陶瓷造型变成陶瓷作品，瓷产业打开“新玩法”；

……

立足陶瓷文化优势、整合陶瓷文化资源，发挥文化赋能效应，景德镇正致力于创造出更具感染力、影响力的陶瓷文化新业态。

在开放、“对话”中强起来

陶溪川文创街区的直播基地里，工作人员正在利用网络直播推介陶瓷产品（2023 年 2 月 22 日摄）。（新华社记者周密 摄）

身着麻布衣、说着中国话，法国女青年开弥在工作室里埋头捏着瓷泥，制作新的瓷器作品。

开弥在景德镇生活了近10年，在此之前，她曾辗转多个欧洲城市学习陶艺，最后落脚于景德镇。她表示，是景德镇的多元、包容文化，让她留了下来。

“开放”与“包容”，是历史赋予景德镇的城市禀性。

早在宋代，景德镇就与海外建立了贸易往来。历史上，“丝绸之路”上的驼队，郑和下西洋的船队，将海外视为“神奇奥秘”“白色黄金”的景德镇瓷器及制瓷技艺，先后传到亚洲、非洲、欧洲几十个国家和地区。18世纪，欧洲很多国家都被允许在中国开设贸易机构，为景德镇陶瓷外销进一步拓宽了渠道。

1868年，德国地理学家、柏林大学校长李希霍芬博士不远万里来到中国，写下《中国——我的旅行与研究》一书，首次提出“丝绸之路”的概念，还命名了烧制景德镇瓷器的“高岭土”。

2017年5月，数百件（套）来自“一带一路”沿线国家的景德镇生产的精品外销瓷，穿越漫漫时空，在中国国家博物馆与观众见面，反响热烈。

光阴荏苒，在全球化和互联网时代，景德镇与世界的联系以全新的方式展现。

这些年，3万多名“景漂”聚集于此，其中“洋景漂”高峰时达5000多名。他们在景德镇驻场创作，在故往陶瓷遗存上、在今日窑火烈焰中激发灵感、交流思想、碰撞火花。

“放眼全国乃至全球，鲜有像景德镇这样的城市有如此多的世界各地人才，为投身陶瓷行业而汇集在一起。”“景漂”协会会长焦孟田感叹道。

与此同时，景德镇陶瓷匠人不断“走出去”，与国内外相关业界展开各种交流、合作。

在景德镇经营了30年陶瓷的余望龙，10年前开始开拓海外市场。他把公司设计室搬到了荷兰鹿特丹，从事家具设计的法国设计师特拉普曼成为设计团队的一员。

“作为设计师，我喜欢尝试使用不同类型的材料，包括瓷器。同景德镇陶瓷工匠的跨界合作，激发了我新的创作灵感。”特拉普曼说，“我们会和景德镇的同事每周开一次电话会议，讨论正在进行的项目。”

2023年年初，在意大利米兰举行的一次家居展上，由特拉普曼设计、望龙陶瓷有限公司生产的青瓷洗浴套装受到青睐，拿到国际订单。

“行于九域，施及外洋。”据介绍，景德镇日用瓷、艺术瓷已出口“一带一路”沿线37个国家和地区，2022年全市出口额同比增长244.6%。

一瓷跨千年，文明越山海。与世界“对话”千年的景德镇，正在以全新气质与世界进行着新的“对话”。

新华社南昌2023年6月19日电

新华社记者：沈锡权、李兴文、高皓亮、赖星、黄浩然

视频记者：彭菁

编辑：王曙晖、廖翊、贾真

扫描二维码查看视频

记者手记

新一代“瓷记者”讲述“CHINA”故事

作为土生土长的“江西老表”，“千年瓷都”景德镇是我们为之自豪的地方名片。5年前，我成为一名新华社记者，在江西分社日常工作中负责“跑片”景德镇，此后每年在景德镇出差的日子加起来超过1个月，我也接过了分社前辈的接力棒，成了新一代“瓷记者”。

地处赣东北山区的景德镇，人口不过160万，直到2017年底才通动车，从区位、交通上，很难将这座小城与国际化联系在一起。

但我初到景德镇，就发现这里哪怕一些小酒店也和国际酒店一样，挂着七八个时钟，分别显示纽约、伦敦、巴黎等地的时间；哪怕一场几十件展品的陶瓷展，介绍的译文语种也快赶上了我们新华社小语种专线的数量……

“北漂”“沪漂”“深漂”，我们从小听到大，但近些年来，景德镇迎来越来越多的年轻人。当地政府统计，仅2022年，就有3万外来人口到景德镇定居成为“景漂”，其中有来自全球各地5000多名“洋景漂”，他们中有的毕业于巴黎国立高等美术学院、英国皇家美术学院、芝加哥艺术学院。这在素来人口外流的中部并不多见，尤其是不少城市打响人口保卫战后，可谓是一股逆流。

“景漂”咋就成了一种新时髦？历经千年的瓷都景德镇究竟有何磁力？

在我的微信联系人里有 100 多位“景漂”好友，来自埃及的景德镇陶瓷大学留学生马赫迪·艾哈迈德是比较特别的一位。他不学美术，也不学陶瓷制作，从遍地古迹的开罗来到景德镇学习考古，只因儿时与景德镇陶瓷的一面之缘。

700 多年前，马赫迪的阿拉伯“老乡”带着苏麻离青钴料来到中国，与景德镇高岭土相结合成就了青花瓷的雅致，之后青花瓷又沿着古丝绸之路来到阿拉伯；700 多年后，在景德镇以瓷为媒的文明交流互鉴仍在继续。

2022 年 12 月，阿拉伯艺术节首次在中国中部小城景德镇举办，国家主席习近平致贺信。在系列报道中，我讲述了马赫迪的故事，在国内外引起较大反响，埃及驻华大使馆还专门联系了我的这位“洋景漂”朋友。

2023 年 6 月，已经硕士毕业的马赫迪想在景德镇陶瓷大学继续攻读博士学位。他告诉我，他可以选择美国、德国的学校，但发现已经离不开景德镇了，这里成了他的第二故乡，就连埃及特色美食“哈马姆”，也就是烤鸽子，在景德镇也能吃到。

包容、开放，自古就刻在了景德镇的城市基因里，当地人眼里“这是一座没有本地人的城市”。景漂协会会长、从美国归来的艺术家焦孟田告诉我，只有融入这座城市才更能感受到景瓷的价值，它早已不是一个简单的器物，而是承载着人们精神寄托与审美追求的生活伴侣。这也是瓷文化带来的深深共情。

瓷文化，是大家初识这座城的“面子”，也是吸引大家扎根这座城的“里子”。融入景德镇，我逐渐发现，尽管“文化自信”的课题很大，但在这里却实在而真切。

2019年，首个国家陶瓷文化传承创新试验区落户景德镇，千年瓷都承载“打造对外交流新平台”的使命，从此每次到景德镇都有新发现——

景德镇市市长胡雪梅远赴埃及进行文化交流，带上了我们制作的短片，而她自己用英文致辞，尽管是不小的挑战，但她告诉我“要让景德镇成为国家会客厅，这是必须要做的”；

来景德镇创业的年轻人越来越多了，充满故事的景德镇也接纳了年轻人的故事，在以陶溪川、乐天陶舍为代表的文创街区，每到周末年轻创客可以免费摆摊，50元使用一次公用窑炉，租一套40多平方米的一居室每月只需500元，而这些文创街区曾经是破败不堪的国营老瓷厂旧址，如今成了一个个“网红”新地标，全城如今有着5.8万家制瓷工坊；

景德镇还不遗余力保护老窑址、老里弄、工业遗产，打造“博物馆之城”，建成了全球首个古陶瓷基因库，推动御窑厂遗址申遗……

这一切，归根结底，都是为了陶瓷文化更好地保护、传承、创新。

习近平总书记曾先后两次对景德镇御窑遗址保护作出重要批示，2019年在视察江西时殷殷嘱托：“要建好景德镇国家陶瓷文化传承创新试验区，打造对外文化交流新平台。”

于是，我亲眼见证了景德镇的遗产变成可看见、可触摸、可体验的人文环境，在此过程中，也以一篇篇稿件为景德镇国家陶瓷文化传承创新试验区建设添砖加瓦。作为“90后”的“瓷记者”，在此过程中，我从一个陶瓷“小白”到陶瓷爱好者，5年来读过的和景德镇相关的书足有一人高。《文越山海瓷韵长——解码“千年瓷都”景德镇的文化自信样本》一稿凝结的是5年来对这座城市的点滴记录与观察。

在景德镇，当地人津津乐道于一个传说——小写的“china”是陶瓷，大写“China”是中国，他们相信china最初是来自于景德镇的前身“昌南”的谐音。讲述“CHINA”的故事，是江西分社一代又一代“瓷记者”的使命，作为新一代“瓷记者”，我还将继续努力在报道视野、资源、表达的国际化上不断下功夫，讲好“瓷上中国”的文化自信故事。

新华社记者：黄浩然

子曰：“有朋自远方来，不亦乐乎……”

2023年6月25日，世界互联网大会数字文明尼山对话在“孔子故里”山东曲阜举行。来自全球数十个国家和地区的各方人士将聚集于此，探讨在人工智能时代如何借鉴文脉悠长的中华智慧构建交流、互鉴、包容的数字世界。

古城曲阜，历史所涵养的中华优秀传统文化氛围，以及其中蕴含的磅礴强劲的中华智慧力量，是中国的，更是世界的精神财富。

2013年11月，习近平总书记在曲阜考察时强调：“一个国家、一个民族的强盛，总是以文化兴盛为支撑的，中华民族伟大复兴需要以中华文化发展繁荣为条件。”

牢记总书记嘱托，曲阜以中华优秀传统文化创造性转化、创新性发展为基点，努力建设以文化人的和谐之城、近悦远来的友善之城、以文兴业的发展之城。

斯文在兹 盛千载

——解码『孔子故里』曲阜的文化自信样本

2023 年 6 月 8 日拍摄的曲阜孔庙和孔府局部。
（新华社记者郭绪雷 摄）

文脉悠远 于今为盛

2023 年 6 月 8 日拍摄的曲阜尼山圣境。（新华社记者郭绪雷 摄）

孔庙，宫墙之下，鼓乐悠悠，佾舞翩翩。每天8时，这里的“晨钟开城仪式”庄重举行，古老厚重的城门徐徐打开，曲阜礼迎八方宾客。

“太震撼了！不愧为‘礼乐之都’，城门缓缓打开的时候，我好像穿越回千年之前。”北京游客杨明晶兴奋地说。

曲阜有3000多年建城史，城名最早见于《礼记》。东汉学者应劭称：“鲁城中有阜，委曲长七八里，故名曲阜。”今日曲阜，城墙古朴，刚直挺拔的桧柏掩映巍峨的庙堂，一大批文化遗产承载着先贤哲思，传递着悠久深厚的文化意蕴。

孔子，名丘，字仲尼，2000多年前的春秋时期，生于鲁国陬邑即今日曲阜。他曾担任过鲁国大司寇职位，后带领部分弟子周游列国十四年，是中国古代伟大的思想家、教育家、儒家学派创始人。他的学说倡导以人为本、和而不同等理念，对后世有深刻影响。

今日曲阜，孔庙、孔府、孔林这三处著名古建筑群人流如潮，人们来此缅怀先师、纪念先贤，汲取文化力量。“这些古建筑群历史功能一脉相承，作为中华优秀传统文化教育的重要场所，一年四季来客络绎不绝。”曲阜市文物局局长孔德民说。

多年来，每到9月28日，孔庙都会隆重举行“祭孔大典”。来自世界各地的儒学专家和游客佩戴黄色绶带，肃立于大成殿前，观赏公祭

乐舞、体验国家级非物质文化遗产，直观感受“礼仪之邦”的传统典仪制度，切身感触华夏先哲绵延不绝的文化脉动。

孔子以学立身，成为“万世师表”。尼山圣境，沂河之滨，孔子研究院等儒学研究专门机构相继成立，一系列研究成果在海内外产生积极影响。

2022 年 9 月，齐鲁书社出版中华儒学经典著作集成《儒典》，共 1816 册、4789 卷，集中体现了儒学形成和发展的主脉络；2023 年 4 月，《儒藏》“精华编”中国部分 510 种、282 册全部整理完成，收录了中国历史上最具影响力和代表性的儒学文献。《儒典》和《儒藏》的相当一部分文献，源头就在曲阜。

如今，孔子研究院、尼山圣境、孔子博物馆拓展了儒学研究和传承平台。新建的孔子博物馆总面积 5.5 万平方米，70 万件馆藏文物主要源自孔府积累的旧藏，包括青铜器商周十供、战国时期黄玉马、孔府私家文书档案、善本古书和祭孔礼乐器等。

2023 年 6 月 18 日 14 时，尼山圣境大学堂内，大型礼乐节目《金声玉振》精彩开幕，演绎孔子传奇一生。“风、雅、颂”的礼乐画卷尽显古风古韵，令人陶醉。

曲阜正以更加多元的方式挖掘城市历史文化中蕴含的丰富时代价值。

见贤思齐 学以致用

2023 年 6 月 9 日，济南大学附属小学学生在曲阜参加研学活动。（新华社记者郭绪雷 摄）

走进“孔子六艺城”，在“礼厅”学习传统礼仪，在“乐厅”观赏古代乐舞，在“射厅”感受传统射技，在“御厅”模拟随孔子周游列国，在“书厅”临摹碑帖，在“数厅”体验数字迷宫……“亲身体验之后，我觉得这些传统文化真可爱。”来自山东菏泽的小学生李梦想说。截至目前，已有1400多名各地的小学生和李梦想一样，参加了“儒家‘六艺’体验”研学活动。

孔府内宅，一堂廉政教育课正在进行。济宁政德教育干部学院教授种淑娴指着照壁上的《戒贪图》，给50多位学员认真讲述孔子的德政思想：“子曰：‘其身正，不令而行；其身不正，虽令不从。’为官者抛弃贪利之心，方能做表率、得民心、治家国……”该学院在曲阜打造了15处现场教学点，培训各级党政机关干部等学员超过10万人次。

曲阜坚定文化自信，努力把中华优秀传统文化优势转化为推动经济建设、政治建设、文化建设、社会建设和生态文明建设的不竭动力。

曲阜在全市所有村、社区建立“和为贵”调解室，努力实现小矛盾不出村、大矛盾不出镇。石门山镇北焦沟村村民翟彦菊一个月前因为耕地问题与人发生纠纷，村支书把双方请到调解室，给双方讲清“己所不欲，勿施于人”的道理。翟彦菊说，自己换位思考一下，心气就平

位于曲阜市尼山脚下的鲁源新村。（新华社记者郭绪雷 摄）

顺多了，坐下来喝杯茶拉拉话，双方很快握手言和。

曲阜持续推动儒家孝亲敬老思想转化为社会行动。记者在曲阜市小雪街道阮家村“幸福食堂”看到，志愿者把精心烹制的清蒸鲈鱼、豆角炒肉、清炒虾仁等菜肴摆上餐桌，老人们围坐在一起高高兴兴地用餐。每逢重阳节等节假日，“幸福食堂”还会举行戏曲表演、诗歌咏诵、义剪义诊等志愿活动。80多岁的老人孔令全说：“每天热乎饭，还有志愿者陪着拉呱，暖了我们老人的心。”

丰厚的文化资源优势成了曲阜文化产业高质量发展的动力源，目前当地已有文化产业类企业近千家，释放出“一业兴、百业旺”的乘数效应。

万物并育 和而不同

2023 年 5 月 8 日，山东曲阜孔子博物馆“齐明盛服——明代衍圣公服饰展”。（新华社记者郭绪雷 摄）

子曰："德不孤，必有邻。"

自2010年起，每年9月举行以孔子出生地命名的尼山世界文明论坛都是曲阜的一件大事。海内外大批专家学者慕名而来，参加这场向全球开放的国际人文综合论坛，交流研究成果、发表真知灼见。

如今，尼山世界文明论坛已成为全球文明交流互鉴、广泛凝聚共识的重要纽带。"各美其美，美人之美，美美与共，世界大同"的观念从这里走向世界，被越来越多不同语言、不同肤色、不同文化背景的人们所接受。

"近者悦，远者来。"曲阜以更加开放的姿态拥抱世界，越来越多的国际友人跨越山海，相聚于孔子故里。

设立于曲阜的孔子学院总部体验基地里，韩国、新加坡等国家的学生陆续到来，体验中国文化魅力，体味儒家学说真谛。目前，这个基地已有130多个国家和地区的1.5万人次师生到访。

在曲阜师范大学任教多年的俄罗斯教师娜杰日达·拉祖姆科娃对这里感情很深："人文氛围非常好，曲阜是一座令人着迷的中国城市。"

曾参加过尼山世界文明论坛的韩国嘉宾白君基非常认同中国先哲"和而不同"的思想。他说："如同五颜六色的花朵构成美丽的风景一般，只有和而不同、求同存异、和谐共处，世界才会更加美好。”

古老的尼山圣地即将迎来走在时代前沿的世界互联网大会数字文明尼山对话。

“万物并育而不相害，道并行而不相悖……”世界互联网大会秘书长任贤良说，“选择孔子的诞生地、儒家思想的发源地举办数字文明对话，就是要探索人工智能将以何种形式促进人类文明发展，推动各方在数字时代更好地挖掘历史文化时代价值，加强国际人文交流合作，为人工智能技术的发展开辟新道路，共同推动人类文明事业发展进步。”

子在川上曰：“逝者如斯夫，不舍昼夜。”百代光阴沉积，赋予先贤哲思更加深邃的内涵。新时代，曲阜坚定文化自信、坚持守正创新，在建设中华民族现代文明新征程中焕发更加亮眼的光彩。

新华社济南 2023 年 6 月 20 日电
新华社记者：王念、杨守勇、孙晓辉、陈国峰、张昕怡
视频记者：李小波
编辑：王曙晖、杰文津、刘祯

扫描二维码查看视频

记者手记

用心倾听千年古城的新声

夏日时节，是曲阜最富有生机的季节之一。绿意葱茏，古木繁茂，研学游学生、海内外游客穿梭在高堂庙宇间。千年来瞻仰颂乐不绝的古城，今日更为兴盛。

走进孔子故里，最初会惊叹于它千年传承的文脉。这里诞生了东方智慧的代表——孔子，孔氏后裔也在这片土地上繁衍壮大。

如此著名的文化名城，不被它的名气和传统束缚，才能使报道不落俗套。寻找文化浸润城市最鲜活的例子，以曲阜文化“两创”实践为切入口，既挖掘历史传承又着眼创新发展，让我们的报道更具特色和说服力。

虽然我已经来过这里许多次，几乎熟悉每条街道，但用心观察，依然能发现有形及无形的文化遗存在此被完善保护的“证据”。

“欢迎来到曲阜，有朋自远方来，不亦乐乎！”坐上曲阜的仿古马车，马车夫熟练地运用着论语和典故。“千年礼乐归东鲁，万古衣冠拜素王……”，诵读、歌舞、表演，每天早上 8 点举行的开城仪式，每年春秋季举行的祭孔大典，是来到这里的游客必须打卡的“仪式感”。

在曲阜，儒家文化无处不在。

城中三千多棵古树，树龄最长已达两千多年，是古城历史的见证。他们像古建筑群落一样被精心保护，每一棵树木都佩戴专属铭牌，是“身份证”，有专门部门负责他们的“安全”，游客扫码可以听到古树的故事。

类似这种细节，曲阜有很多，走进这里的大街小巷，处处洋溢着特有的文化气息。街头巷尾，曲阜市增设多处人文景观、公益广告牌、文明宣传栏，让市民和游客可以随时随地体知传统文化的魅力。

随着城市发展，文化基础设施建设不断提升，以孔子博物馆等为代表的“新三孔”成了城市文旅的一张新名片，与“老三孔”交相辉映，吸引无数游客“打卡”。孔府旧藏在现代化博物馆中焕发新活力，游客从一件件精美用品、服饰中窥见历史的风貌与姿彩，见证礼乐文明的发展。

斯文在兹，孔子创立“重仁尚礼”的儒家学说。在其思想发源地曲阜，儒家文化的创造性转化、创新性发展，赋予城市强大的内生动力。

随着采访深入，文化融于城市生活，文化自信不断跳跃的脉搏更加清晰。在城市的日常生活中，传统文化悄然渗透，成为人们日用而不觉的一部分。

“首孝悌，次谨信”“己所不欲，勿施于人”“言必信，行必果”……儒家经典被千百年不绝地诵读，“忠孝节义”“仁义礼智信”等成为人们日常行为准则。

如今，这些行为准则不仅停留在书本上，更是落实到了实践中。我曾多次采访曲阜文化“两创”示范点：“老吾老以及人之老”，空巢老人在村中食堂按时用餐，饭前饭后老人们聚在一起唱歌、聊天，脸上洋溢着的幸福笑容，是他们对文化“两创”实践的认可；“幼吾幼以及人之幼”，村居社区不断完善“四点半课堂”设置，将非遗技艺体验、儒家经典朗读等活动融入青少年的课余生活，受到孩子及家长们的欢迎。

“幸福食堂”里老人顿顿有热饭、“儒学讲堂”中每周都有诵读声、“和为贵”调解室邻里矛盾全化解……孝老爱亲、邻里互助、向上向善的良好社会氛围蔚然成风。选择孔子故里日常生活中发生的鲜活故事为报道做注脚，报道阐释主题进一步升华。

在曲阜的“两创”实践中，面向世界的对外传播是重要一环。基于其独有的文化地位，自 2010 年起，每年 9 月举行尼山世界文明论坛。海内外大批专家学者慕名而来，参加这场向全球开放的国际人文综合论坛，交流研究成果、发表真知灼见，探讨中国优秀传统文化中蕴藏着解决当代人类面临的难题的重要启示。

如今，越来越多国际文化交流活动在孔子故里举行，近期举行的世界互联网大会数字文明尼山对话更是探讨了优秀传统文化在人工智能等新兴科技领域的引领作用。每次参加类似活动，于我而言，都是一次宝贵的积累，见证观点的碰撞，感悟传统文化面向现代、面向世界的生命力，并最终转换成报道中的思考。

古为今用，推陈出新。作为一名记录者，我不断见证这座古城的新声。拥有千年历史文化的馈赠，如今的曲阜，正在推动中华优秀传统文化创造性转化、创新性发展道路上焕发勃勃生机。

新华社记者：张昕怡

若问古今兴废事，请君只看洛阳城。

洛阳，中国最古老的城市之一。具有 5000 多年文明史、4000 多年建城史和 1500 多年建都史，丝绸之路、万里茶道和隋唐大运河在此交汇，新中国工业建设在此留下红色记忆。

习近平总书记强调，只有坚持从历史走向未来，从延续民族文化血脉中开拓前进，我们才能做好今天的事业。

如今，这座文明之城、工业之城、开放之城正在续写崭新故事，激荡着新时代的文化春潮，展现着洛阳新的使命与担当。

洛阳春日最繁华

——解码古都洛阳的文化自信样本

图为 2023 年 6 月 6 日在河南洛阳拍摄的定鼎门遗址博物馆（无人机照片）。（新华社记者郝源 摄）

国 泰 民 安

文明之城：千年中轴，文脉绵延

2023 年 6 月 6 日，游客在二里头夏都遗址博物馆内参观。（新华社记者郝源 摄）

“洛阳春日最繁华，红绿阴中十万家。谁道群花如锦绣，人将锦绣学群花。”盛夏，位于隋唐洛阳城天街附近的研学营地传来琅琅书声，不少游客身着汉服通过茶饮、文创、手作等活动，感受千年古都文脉涌动。

天街，隋唐洛阳城的中轴大街，是洛阳城中最繁华的街道。在《大业杂记》中，唐人杜宝曾记载天街繁华景象：“阔一百步。道傍植樱桃、石榴两行。自端门至建国门，南北九里，四望成行。”

登定鼎门北望，天街中轴线恢宏大气，一条笔直的黄褐色道路直通天际，青葱绿植点缀其间，隋唐宫城盛世繁华再现。如今，这条千年历史轴线依旧是洛阳的文化活动轴心。

赫赫夏都、偃师商城、东周王城、汉魏故城、隋唐洛阳城……在洛阳，沿洛河东西绵延三十多公里的范围内五大都城遗址一字排开，以“五都荟洛”的气势描绘出河洛大地早期王朝的起源历程，展示着中华文明的灿烂成就。

1959 年，二里头遗址的发现，揭开了尘封的中华文明起源和记忆。

约 3800 年前，这个在洛阳地区诞生的二里头文化，以最早的城市干道网、最早的宫城和宫室建筑群、最早的青铜礼器群等诸多之最，

图为 2023 年 6 月 6 日拍摄的二里头夏都遗址博物馆（无人机照片）。（新华社记者郝源 摄）

开启了中国王朝文明的序幕。

此后，商、西周、东周、东汉、曹魏、西晋、北魏、隋、唐等十三个王朝先后在洛阳建都。此间人文鼎盛、冠绝一时。老子著述文章，孔子入周问礼；班固写《汉书》，司马光编《资治通鉴》，欧阳修等成《新唐书》；程颢、程颐开创宋代理学；“竹林七贤”云集此地，谱写华彩篇章；左思一篇《三都赋》，一时“洛阳纸贵”……

“以洛阳为中心的河洛文化，是中华文化的重要源头，构成了华夏文明的重要组成部分。”洛阳市文物局总工程师薛方说。

文脉因守正而赓续，因创新而致远。

打开洛阳市博物馆布局地图，一座座“文化宝库”浮现在眼前。707万常住人口、102座博物馆，平均每7万人就拥有1座博物馆。拥有世界文化遗产3项6处、全国重点文物保护单位51处、省级文物保护单位146处、不可移动文物9000多处，丰厚的历史文化家底，成为洛阳叫响“东方博物馆之都”的底气。

依托资源优势，洛阳提出“颠覆性创意、沉浸式体验、年轻化消费、移动端传播”理念。如今，洛阳大遗址保护和遗址公园建设亮点突出，一批集空间游玩、非遗体验、沉浸互动等为一体的文化场景次第涌现，优秀文创项目和产品破“圈”而出。2023 年 1 月至 5 月，洛阳旅游接待总人数 6167.74 万人次，总收入 451.95 亿元。

新时代，洛阳扎实做好历史文化资源的活化利用，努力让收藏在博物馆里的文物、陈列在广阔大地上的遗产、书写在古籍里的文字都“活”起来，在增强历史自觉、坚定文化自信、传承弘扬中华优秀传统文化中展现更大担当作为。

游客在河南省洛阳市隋唐洛阳城国家遗址公园应天门遗址博物馆游玩（无人机照片，2023 年 1 月 25 日摄）。（新华社发　黄政伟 摄）

工业之城：周虽旧邦，其命维新

工人在中国一拖生产车间进行东方红拖拉机装配作业（2021 年 5 月 21 日摄）。（新华社记者张浩然 摄）

苏式历史建筑群、现代文创体验馆……走进洛阳天心文化产业园，仿佛进入“时光隧道”，这个曾诞生了新中国第一台压路机的老厂区，如今已成为一座集餐饮、娱乐、文化、艺术、体育等于一体的文化产业园。

20世纪50年代初，一群中外专家来到洛阳，谋划建设新中国的工业基地。彼时，百废待兴的新中国开始实施第一个五年计划，来自全国各地成批的学生、工人、干部会聚洛阳，写下新中国制造史上的重要篇章。

“一五”期间，国家156项重点骨干项目中有7项落户洛阳。沿着洛阳涧西区建设路，洛阳矿山机械厂、第一拖拉机制造厂、洛阳轴承厂等一批工厂一字排开。1958年7月20日，由中国人自己制造的第一台拖拉机——东方红54型履带拖拉机就在这里下线，拉开了中国农业机械化的序幕。

如今，洛阳涧西苏式建筑群被列为全国重点文物保护单位、中信重工和一拖集团部分厂区被评为第二批国家工业遗产、涧西工业遗产街区被评选为中国历史文化名街……这些洛阳人心中恒久的“红色记忆”，经过几十年风雨后，焕发出别样光彩。

“洛阳留存了大量的工业遗产和历史风貌建筑，这些新中国成立初期工业建设的积极探索，勾勒出洛阳特有的城市形象，也成为新时代洛阳的宝贵文化财富。”河南科技大学人文学院教授、洛阳工业遗产文化研究院副主任王云红说。

历史滚滚向前，时代奔腾变迁。

约3800年前，二里头王都熔炉里的熊熊火焰，点燃了华夏民族最早的青铜文明；新中国成立之初，创造无数中华文化瑰宝的洛阳开始绽放工业革命之光；当下，洛阳激发制造业高质量发展新优势，一个重工业优势突出、智能装备异军突起的现代工业城市，屹立于洛水之滨。

一拖、洛轴等一批传统企业通过转型升级、优势再造，成长为“新时代尖兵”；洛阳石化百万吨乙烯项目总体设计获批，龙门实验室首批6个省级重大项目全面启动，中州时代、华为技术、海澜集团等一大批标志性项目成功落地，配套企业纷至沓来……

2022年，洛阳十大产业集群规模达到2400亿元，如今正朝着万亿级先进制造业基地阔步前行。

开放之城：丝路漫漫 绵亘万里

图为洛阳市隋唐城遗址植物园巨型牡丹景观造型（无人机照片，2023 年 4 月 16 日摄）。（新华社发　黄政伟 摄）

2023年5月18日，一列满载100个标准箱光伏材料、客车配件、机械设备等货物的中欧班列从东方红（洛阳）国际陆港启程，驶向中亚五国。

开放，是文明的重要标志，也是洛阳千年发展的底色。汉代班固在《东都赋》中这样描述：洛邑处乎土中，平易阔达，万方辐辏。

优越的地理位置孕育着开放的基因。1900多年前，班超从洛阳启程，直驰地中海东岸，自西汉末年起中断了半个多世纪的丝绸之路重新开通，从此明驼宛马，络绎不绝。

公元605年，大运河开凿，南来北往的货物和客商在东都洛阳汇聚，形成了以洛阳为中心，向东北、东南辐射的南北水运网。

至此，运河与丝路交相辉映，让洛阳成为世界的洛阳。

脚印、车辙印、骆驼蹄印……在隋唐洛阳城定鼎门遗址南侧展示的唐代路面上，清晰可辨的历史印迹，让人仿佛听见千年前从丝路而来的阵阵驼铃。

千百年前，作为丝绸之路的东方起点之一，驼铃和瓷瓶在这里叮当作响。千百年后，作为丝绸之路经济带重要节点城市，“一带一路”倡议的参与者、践行者，洛阳的对外贸易“朋友圈”已扩大到215个国家和地区，475种“洛阳制造”商品走向世界。自贸区、自创区、高新区、跨境电商综试区、综保区“五区联动”开放发展格局，再现商贾如云、丝路繁荣。

文明因交流而多彩，因互鉴而丰富。2023 年 4 月 27 日，第四届世界古都论坛暨亚洲文化遗产保护行动青年论坛在洛阳隋唐大运河文化博物馆闭幕，来自中国、柬埔寨、伊朗、乌兹别克斯坦等 17 个国家的代表参会，探寻古都文化遗产保护和传承中的青年作用。

一花引来百花开。近年来，以牡丹文化节、河洛文化旅游节、中原国际文化旅游产业博览会等文化交流节会为平台，洛阳加快建设国际人文交往中心。其中，洛阳牡丹文化节及其系列活动每年吸引国内外游客约 2000 万人次。

开放引得青年至。洛阳推出数十条重磅举措建设青年友好型城市：20 多处青年驿站、1500 余张床位供来洛青年免费暂住；5 年内新筹建保障性租赁住房 10 万套，优先供应来洛就业创业的青年大学生；打造集休闲娱乐、文化体验、游览观光于一体的青年集聚新地标……

河洛大地，历史与文化融合、传统与创新碰撞、青春与活力迸发、开放与交融并蓄……奋进在中国式现代化建设新征程上的洛阳，奏响了新时代高质量发展的最强音。

新华社郑州 2023 年 6 月 20 日电
新华社记者：唐卫彬、王圣志、双瑞、史林静
编辑：王曙晖、贾真

扫描二维码查看视频

记者手记

神都风正起

洛阳，这个中国最古老的城市之一，自夏建都以来，就以天下之中的姿态，孕育着华夏文明。“一城繁华半城烟，多少世人醉里仙。”这片丰饶的沃土上，曾有100多位帝王叱咤风云，博弈争雄，用浓墨重彩描绘人类千年文明的画卷。

作为长期关注文化领域的记者，洛阳是很多采访都绕不过的城市。位于黄河之南的洛阳，具有5000多年文明史、4000多年建城史和1500多年建都史，厚重而灿烂的文化像一种特殊的符号，使之成为华夏民族衍生的摇篮。所以，在得知“解码文化自信的城市样本”系列报道选定洛阳后，记者的第一反应是“好办”，毕竟事关文化，洛阳能说的太多了。

尤其是近年来，洛阳依托历史文化资源优势，创造性提出“颠覆性创意、沉浸式体验、年轻化消费、移动端传播”理念，借助数字化技术和颠覆性创意，不断推动传统文化的时尚表达、厚重文化的现代转化。众多有益的探索让古老的文明城市续写崭新故事。

因此，第一版稿件主要是围绕“颠覆性创意”让传统文化“曲高”且“和众”、“沉浸式体验”打造古今辉映新蝶变、保护中传承赓续古都千年历史文脉三个部分展开。

记者原以为，这些就是洛阳文化自信最典型的代表。

“稿子把洛阳写小了。”

稿件提交后的第四天，记者收到了编辑老师的反馈。

文化自信的城市样本不是单单的文化自信和城市的简单相加，一个城市的文化自信既是在寻根、保护、展示上用心用情用力，在守护文明印记中筑牢文化根基，又是坚持从历史走向未来，在赓续民族文化血脉中开拓前进，创造新的历史。

通过与编辑部反复沟通讨论后，记者决定：推倒重写。

于是，记者彻底跳出原稿思维，重新发现这座城市在深厚文化底色下所展现的持久生命力。通过连夜讨论梳理后，稿子决定围绕文明之城、工业之城、开放之城展开，力求增强报道深度、历史跨度和情感温度。

洛阳，是从历史深处走来的文明之城。千年中轴，文脉绵延，镌刻着中华文明的灿烂成就，推动中华优秀传统文化的创造性转化、创新性发展成为时代命题，也是古都洛阳的必答题。望历史，洛阳是一段繁华，

1500 多年的都城史，使得洛阳有了“普天之下无二置，四海之内无并雄”的美誉；观当下，文脉是一种传承，五大都城遗址沿洛河一字排开，每 7 万人就拥有 1 座博物馆，集空间游玩、非遗体验、沉浸互动等为一体的文化场景次第涌现。

洛阳，是绽放文明之光的工业之城。约 3800 年前，二里头王都熔炉里的熊熊火焰，点燃了华夏民族最早的青铜文明；新中国成立之初，创造无数中华文化瑰宝的洛阳开始绽放工业革命之光；当下，洛阳激发制造业高质量发展新优势，一个重工业优势突出、智能装备异军突起的现代工业城市，屹立于洛水之滨。

洛阳，是内外联通的开放之城。开放是洛阳千年发展的底色，1900 多年前，班超从洛阳启程，直驰地中海东岸，自西汉末年起中断了半个多世纪的丝绸之路重新开通，从此明驼宛马，络绎不绝。如今，中欧班列从东方红（洛阳）国际陆港车轮滚滚，联通中亚五国。

历史与文化融合，传统与创新碰撞，青春与活力迸发，开放与交融并蓄……这些共同构成了洛阳文化自信的底色。诚然，一个地方的文化底蕴和力量不可胜言，记者也只能择其部分予以展现。

何为一个文化自信的城市样本？稿件写作之初，记者对其的理解也比较模糊，是对一个城市文化资源的罗列还是对其文化现象的阐释，抑或是对其文化举措的总结？其实，这些都不能代表。一个城市的文化自信，是聚焦它最深沉的精神追求，探索其最根本的精神基因，呈现其最独特的精神标识，并充分展示其在新时代巨变中蕴含的文化自信力量。

如今，在中国的任何一座城市，无论经过怎样的更新和迭代，它所呈现出的样子，都带着从历史中一路走来的痕迹，因为文化已深深地嵌入每一座城市发展的骨骼之中。

寄语洛城风日道，明年春色倍还人。记者相信，一个正视中华历史文化传承发展的城市，定能奏响了新时代高质量发展的最强音。

新华社记者：史林静

北倚娄山，南濒乌江，远瞰巴巫，险要天成。这里是遵义。

历史演进，时节如流。这片积淀千年文明的沃土以“道”载义，以“义”遵道，深明大义、开放包容、勇于开拓。

如今，这座遵道行义之城接续传承红色基因、努力讲好遵义故事，正在历史长河中开出更绚烂之花朵、结出更丰硕之果实。

遵道行义 传薪火

——解码遵义的文化自信样本

遵义城一瞥（2023 年 2 月 14 日摄）。（新华社记者刘续 摄）

遵义市演艺集团恭祝全市人民新春快乐！

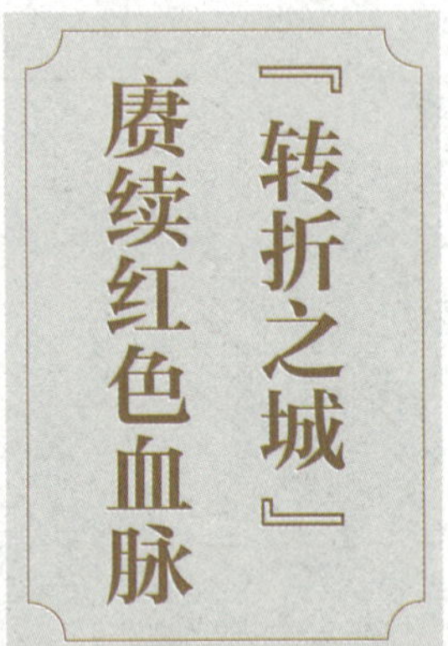

『转折之城』赓续红色血脉

游客在遵义会议会址游览（2023 年 2 月 14 日摄）。（新华社记者刘续 摄）

遵义老城子尹路96号，遵义会议会址。

夜幕降临，华灯初上。灯光将这幢砖木结构、中西合璧的建筑衬托得庄严、肃穆，又格外亮丽。慕名而来的游客络绎不绝，在小楼前驻足拍照。

88年前，遵义会议在最危急的关头挽救了党、挽救了红军、挽救了中国革命。这在党的历史上是一个生死攸关的转折点。

为满足游客需求，遵义会议纪念馆日前开启夜间开放模式，让游客在追寻红色记忆的同时，领略不一样的红色文化。身处其中，仿佛回到80多年前的夜晚。

“遵义是黔北重镇、贵州第二大城市，红军长征经过那么多城市，像遵义城这么热闹的不多。”遵义会议纪念馆原副馆长、作家田兴咏说，“红军队伍来到遵义城，纪律严明，对群众秋毫无犯，群众发自内心拥护中国共产党，这也是遵义红城血脉的根。”

“战士双脚走天下，四渡赤水出奇兵……”毗邻遵义会议会址的1935街区，极具黔北民居建筑特色，红色氛围浓厚，包含红军街、1935文化新天地、遵义纪念公园三个区域。在红军街上，常年活跃着一支由遵义市民自发组成的红色合唱团，嘹亮的歌声常常引得游客驻足。

距离遵义会议会址3公里的红军山烈士陵园，有一尊“红军菩萨”，如今每天仍有很多人前来祭奠。长征路上的红军卫生员龙思泉，在寒风肆虐的冬日，为百姓治病解难，却被敌人残忍杀害。群众含泪将龙思泉埋葬，“红军菩萨”的故事逐渐在遵义家喻户晓。

习近平总书记在贵州调研时曾指出，我们要运用好遵义会议历史经验，让遵义会议精神永放光芒。

红色基因已根植在这座城市的血脉里。如今，除了群众口口相传，长征故事宣讲团、道德讲堂、小小红色义务宣讲员都常年活跃在机关、企业、学校乃至田间地头。

“在遵义，红军故事像传家宝一样，叮嘱我们的下一代，不要忘了我们从哪里来，要去向何方。”遵义会议纪念馆第一任馆长孔宪权的孙女孔霞说。她从小聆听爷爷讲述红军长征的故事，立志长大传播红色文化。30年来，孔霞宣讲1000余场，受众1万余人次，陆续培养出5000余名学生讲解员。受母亲影响，孔霞儿子大学毕业后报名参军，立志报效祖国。

红色基因永葆活力，成为遵义城市文化之魂。在遵义会议精神引领下，黔北大地相继涌现出“七一勋章”获得者黄大发、“八一勋章”

获得者杜富国等一批始终将忠诚和信仰刻在心中、为人民利益甘洒热血的楷模。

红色文化内涵不断丰富，《伟大的转折》《花繁叶茂》《高山清渠》等一批红色文艺精品频登荧屏，“红色圣地 · 醉美遵义”文化旅游品牌声名远播，遵义成为全国红色旅游关注度最高的目的地之一。

图为红军街上的红色合唱团（2023 年 6 月 16 日摄）。（新华社记者吴斯洋 摄）

黔北文脉
积淀深厚底蕴

图为“浙江大学西迁历史陈列馆”内一景（2023年3月9日摄）。（新华社记者李惊亚 摄）

受巴蜀文化和楚湘文化影响，从秦汉开始，遵义就形成独特的文化圈，文风日开。到明末清初，黔北各地书院、私塾林立，造就了浓厚的文化氛围。

“贵州文化在黔北，黔北文化在沙滩。”古柏林傲立禹门山，一派钟灵毓秀之气。从乾隆年间至清末，遵义市新蒲新区新舟镇沙滩村先后走出以郑珍、莫友芝、黎庶昌为代表的一大批文化名人，是贵州文化繁荣的重要标志。

“缕缕黔北文脉绵延不绝，凝聚成这座城市的文化脊梁。”遵义市历史文化研究会副会长黎铎说，这是遵义崇智尚学氛围、家国情怀浓厚的精神渊源。

一张张老照片，一个个老物件……湄潭县将抗日战争期间浙江大学在湄潭办学的旧址妥善保护，打造成为“浙江大学西迁历史陈列馆”。据不完全统计，在遵义湄潭的7年里，浙大在国内外发表的论文数量在国内高校处于领先地位，被英国著名科学家李约瑟称为“东方剑桥”。

当年，浙大师生通过湄江桥进入湄潭城时，百姓捧着采来的野花、端着煮熟的鸡蛋欢迎。他们让出自己的好房子，确保浙大师生有足够的地方教学和生活。

苏步青、王淦昌、贝时璋、李政道……浙大在此办学 7 年，湄潭群众用实际行动保护和支持了一大批知识分子。著名数学家苏步青生前曾写诗感念湄潭：“平生最是难忘处，扬子湄潭浙水边。”

“在战火中，浙大师生们坚持切磋学问、探求真理，为夺取抗战胜利携手前进，‘文军西征’的精神感染湄潭百姓至今。”湄潭县委书记沈建通说。

一座城，因历史而厚重，因人文而优雅，慢慢舒展出最好的姿态。

吐故纳新，生生不息，积淀成遵义独树一帜的城市魅力。如今，“城市书房”“职工书屋”“社区书屋”“农家书屋”遍布遵义大街小巷，“15 分钟城市阅读圈”正在形成，文化灯火更加闪亮。“诗乡”绥阳、“小说之乡”正安、“楹联之乡”桐梓，都以自己的“文化符号”为傲。活跃在街头巷尾的志愿者、遍地开花的新时代文明实践中心，让全国文明城市遵义的文明之花开得更艳。

遵道行义　书写古城新韵

无人机拍摄的赤水竹海国家森林公园美景（2023 年 6 月 15 日摄）。（新华社记者刘续　摄）

从空中俯瞰遵义，贵州境内第一大河、长江上游右岸最大支流乌江穿城而过，山峦绵延起伏，2900 万余亩林地覆盖了这座城市一半以上的面积。山美水美林美，造就了遵义人闲适自在的生活态度，不少人习惯早起茶馆喝茶，晚饭后酒馆小酌。

“其味极佳”，唐代陆羽《茶经》盛赞遵义茶；“酒冠黔人国，盐登赤虺河”，清代著名学者、诗人郑珍路过茅台镇，睹茅台商业之繁盛，写下这样的诗句。

这里既有“中国最美的丹霞”之一赤水丹霞，也有列入《世界遗产名录》的文化遗存海龙屯土司遗址。“生态名片 + 历史名片”正在成为遵义全面推动经济社会高质量发展的响亮招牌——至 2022 年，全市建成自然保护地 65 个；累计创建国家生态文明建设示范区 8 个，全国“两山”实践创新基地 1 个；曾因突出生态问题被讽为“污江”的遵义母亲河乌江，经过多年系统治理，干流水质达到Ⅱ类标准；消失多年的胭脂鱼等珍稀鱼类重现，赤水河再现碧水东流、清波荡漾的景色；茶文化博物馆、酒文化博物馆成为地方旅游名片，提升文化“含金量”……留住历史文脉，不让生态“蒙尘”。

上海路、大连路、天津路、宁波路……遵义城市建设多见外省地

首列黔粤班列“遵义号”在贵州遵义阁老坝站等候发车（2022 年 5 月 20 日摄）。（新华社记者刘续 摄）

名，与“三线”文化息息相关：20 世纪六七十年代，超过 8 万名工人、干部、知识分子、解放军官兵，从大城市跋山涉水来到遵义，他们用艰辛、血汗和生命，在遵义建起了多个大中型工矿企业和科研单位，点亮遵义现代工业之光。

如今，在遵义 1964 文化创意园，老厂房变身集创意、休闲、时尚、怀旧于一体的城市新地标。注入艰苦奋斗的“精神之钙”，不忘峥嵘岁月、辉煌历史。

“满眼盐船争泊岸”，遵义自古是川盐入黔、黔货入川要道和商品集散地，船运文化深厚，商贾云集。一些古镇至今保留着大量古街道、古寨门、古纤道、古盐道等遗存，潜移默化造就了城市的开放和包容气质。

今天，纵横交错的水、陆、空交通网让古城遵义的人文交流“朋友圈”越来越大。乌江构皮滩水电站通航，一船出省、直达长江的梦想一朝实现；巨龙般的高铁在山间驰骋，拉近与成渝地区双城经济圈的空间距离；借助新舟机场、茅台机场以及陆海新通道“遵义号”货运班列，与粤港澳大湾区及更大的海外市场连接……遵义冲出群山包围，对外贸易已拓展到 141 个国家和地区。

漫步遵义大街小巷，“遵道行义、自强不息”八个大字随处可见。“道”谓天下通行之路，“义”谓天下合宜之理，“道”是否正确，取决于“义”是否合宜。

雄关漫道真如铁，而今迈步从头越。回望黔北文脉的悠久漫长，延续“转折之城”的豪迈荣光，红城遵义汲取遵道行义、自强不息的城市之气，以史为鉴、开创未来，阔步迈上新征程。

新华社贵阳 2023 年 6 月 21 日电
新华社记者：赵新兵、王丽、李惊亚、吴箫剑
视频记者：吴斯洋
编辑：王曙晖、贯真

扫描二维码查看视频

记者手记

重新认识一座城

当你认识一个朋友多年，自认为对她已非常了解，但是在一个特殊的时刻，她惊艳了你，让你看到她不为你熟知的另一面，你会作何感想？

做这篇报道时，我就有这样的感觉。

我和这座城市，宛如一个老相识。2009 年，我入社没多久，便被新华社贵州分社安排跑遵义，掰着指头算一算，到今天已经有 14 个年头。

刚工作时，贵州流传着一句话："纳威赫，吓一跳；务正道，去不得。"务正道指的便是遵义下辖的务川、正安和道真三个县，是贵州最边远贫困的县。当时，从贵阳去务正道其中的哪一个，车程也在 8 小时左右，而且山路崎岖，路况都很不好。也因此，我工作 4 年，才第一次去道真采访；工作 7 年后，才第一次到务川采访，成为遵义 15 个县（区、市）中我最后一个到访的地方。

1935 年，短短 3 天的遵义会议，"挽救了党、挽救了红军、挽救了中国革命"，重要性不言而喻；红军长征以来的第一场大胜仗娄山关大捷，毛主席的得意之笔四渡赤水，还有那首"雄关漫道真如铁，而今迈步从头越"的《忆秦娥 · 娄山关》……穿过历史的烟尘，这座城市作为转折之城、革命圣地，身披无限荣光。

除了深深的红色烙印，遵义的经济社会发展同样受人瞩目：贵州第二大城市、“黔北粮仓”、贵州工业重镇、全国辣椒和茶叶主产区、茅台、全国酱香型白酒主产区……外界观察贵州，势必绕不开遵义这座抢眼的明星城市。

3 万平方公里的土地上，这 15 个县（区、市），我已记不清楚自己已反复跑了多少次，写过多少篇稿子。我只知道，遵义的每个县城，我都能知道它的特色产业是什么、代表性地点在哪里，甚至每个县城有哪些名人。在自己十几年的职业生涯里，我静静观察这座城市发生的点点滴滴变化，我熟悉她们，就像一个个老朋友，哪怕今天已经荣誉等身，我却能理解她们是怎样一步步走过艰辛的岁月。

所以，当我拿到“文化自信的城市样本”这个题目时，我的第一感觉是自豪，因为贵州选取的唯一城市便是遵义；另一个感觉则是自信，因为我对遵义实在是太熟悉了。

然而，我还是大意了，人是多面的，城市也是如此。

我对这个老朋友，其实并不是完全了解。当我来到新蒲新区沙滩村，第一次对“贵州文化在黔北，黔北文化在沙滩”这个说法一探究竟时，当我在黎庶昌故居探寻这位沙滩文化代表人物究竟为何青史留名时，我看到了展厅里的《敬陈管见折》：

“一曰水师宜急练大支，一曰火车宜及早兴办，一曰商务宜重加保护……”

黎庶昌驻外多年，这是100多年前的清光绪年间，他给清廷呈送的强国富民建议。今日看来，极具前瞻性。在那个清政府日暮西山的年代，“睁眼看世界”的第一批中国人中，竟然有一位遵义人的身影，我突然倍感自豪。

只可惜，清廷并未采纳黎庶昌的建议。甲午战争爆发后，每每有战败消息传来，黎庶昌禁不住痛哭流涕，终日不食，1898年逝世于沙滩老屋。

回望历史，令人唏嘘。中国从不缺乏高瞻远瞩的智者，落后挨打往往是因为没有找到通往民族复兴的正确道路。历史已证明，找到正确道路的中国，势不可当。我将这点感受写进了稿子。

另一个令我触动的时刻，是在贵州梅岭电源有限公司。当公司负责人满怀感情地讲述，三线建设时期，一批批科研工作者，放弃大城市的生活，跋山涉水来到偏远贫困的遵义，点着油灯刻苦攻关一项项技术的时候，我突然发觉，这座城市不平凡的不仅是革命者，还有一个个普通人。

就像前段时间网上热传的一段视频，中国科学院大学校长眼含热泪，回忆起老一辈科学家“我愿匍匐在地，擦掉祖国身上的耻辱”的报国之情。谁能否认，在黔北莽莽大山中，也有一大批人，坚定报国之志，将全部生命投入祖国向“星辰大海”的奔赴中，矢志不渝。

遵道行义传薪火，这是我写遵义这座城市我最满意的一个标题。曾有人考证，名字对一个人的影响是巨大和潜移默化的。在遵义的精神内核里，遵道行义，即“道”谓天下通行之路，“义”谓天下合宜之理，对这座城市的气质养成和性格刻画是深入骨髓的。在我理解，传薪火，传的是红色基因，还有大气、包容、不折不挠的城市性格，历史与当下一脉相承、永不间断。

在总社来贵州分社挂职的吴箫剑眼里，初到遵义，“红”是第一印象，遵义会议、四渡赤水、娄山关战斗……丰富厚重的革命历史为这座城市赋予了鲜明底色；初到遵义，“醇”是第一感觉，茅台、董酒、习酒、钓鱼台……“美酒河”赤水之滨连空气都让人沉醉；初到遵义，“辣”是第一味道，朝天椒、糟辣椒、中国辣椒城……热辣鲜香的味道如烈火般征服着人们的味蕾；初到遵义，“通”是第一状态，公路总里程超过 4 万公里、川黔和渝贵铁路穿山越岭、乌江复航通江达海……曾经雄关漫道，如今关山飞度；初到遵义，“行”是第一动作，在贵州率先整市脱贫、近十年经济增速位居全省前列、成为国家创新型城市……“遵道行义、自强不息”早已融入遵义人的血液。尽管是第一次来，遵义给他留下了丰满而深刻的印象，他希望通过本次报道，让更多的人认识遵义、了解遵义、爱上遵义。

在我眼里，城市建设，是一个城市的骨架，而文化，则是城市的血肉和灵魂。一篇报道，让我重新认识一座城，也让我对自己今后的工作，少了一些自大和过分自信，更多了几分谦虚谨慎。

新华社记者：李惊亚、吴箫剑

莽莽昆仑，漫漫丝路。山水含情，岁月知味。2000多年前，丝绸之路驼铃声起，喀什便在华夏文明的滋养中生长。历史文脉延绵不绝，文化遗存璀璨丰富，自然人文交相辉映。

丝路重镇喀什，自古就是多民族聚居之地，也是多种文化交往交流交融的舞台，文化底蕴深厚。

2022年7月，习近平总书记在新疆考察时指出，“中华文明博大精深、源远流长，是由各民族优秀文化百川汇流而成”“中华文明是新疆各民族文化的根脉所在”。

沿着总书记指引的方向，喀什坚持以铸牢中华民族共同体意识为主线，大力弘扬中华优秀传统文化，深入推进文化润疆工程，以文化人，以文育人，以文润心，丝路古城展现出生机勃勃、兼容并包的文化新貌。

丝路文韵满昆仑

——解码古城喀什的文化自信样本

新疆喀什古城景区及周边城市建筑景观。（新华社记者胡虎虎 摄）

一脉相承，汉唐风韵今犹在

2023 年 6 月 14 日，人们在新疆喀什市盘橐城景区内游玩。（新华社记者胡虎虎 摄）

诗人郭小川留下诗句："不进天山，不知新疆如此人强马壮；不走南疆，不知新疆如此天高地广；不到喀什，不知新疆如此源远流长。"

盛夏时节，每当夕阳西下，市区东南、吐曼河边的盘橐城景区内便聚满了休闲避暑的人们。专家考证，盘橐城是喀什的雏形，已有两千多年的建城史。公元1世纪后期，东汉名将班超进驻，此后相当长的历史时期，盘橐城成为中央政府有效管理西域的大本营。

在漫长的历史进程中，喀什各族群众共居同乐，在语言、饮食、服饰、音乐等各方面相互影响、汇聚融合。"你中有我，我中有你"始终是当地文化的共同特点。长期的生产生活中，各民族文化互鉴融通始终贯穿于中华民族共同体与中华民族多元一体格局形成、发展的全过程。

早在唐代，来自江南的茶叶就沿着丝绸之路进入喀什地区。当地茶文化逐渐盛行，延续至今。新疆有谚语："宁可三日无粮，不可一日无茶。"不管是吃烤肉还是吃馕，配上一杯茶，已成为一种饮食文化。

古城核心区一栋具有典型民族风情的建筑里，藏着一家百年老茶馆。茶馆内设有很多木炕，不管是远来客商，还是附近街坊，无拘无束地围坐一起，喝茶，聊天。"百年历史，烹茶的技艺在变，不变的是人们对茶的钟爱。"茶馆第四代经营者买买提克力木·买买提说。

2023 年 6 月 13 日，在新疆喀什古城景区“古丽的家”旅游家访点，当地居民和游客欢快共舞。（新华社记者胡虎虎 摄）

古老的土陶技艺在喀什流传至今。喀什市文旅局文物办公室负责人米热卡米力·买买提说，喀什曾出土大量陶制品，通过丝绸之路，这些工艺精湛的土陶器被带到河西走廊，传入中原腹地，成为中原百姓家中备受欢迎的生活用品与装饰品。

祖里甫卡尔·阿巴拜克力是当地土陶工艺的第八代传人，他对制陶工艺始终精益求精。“千百年来，不管生产工艺如何变化，祥云、仙桃、牡丹、葡萄等图案一直是土陶制品的主要纹饰，这些在我国其他地方象征着‘福禄寿喜’等美好祝愿的文化符号，同样被喀什各族群众所喜爱。”他说。

千年来，丝绸之路上的驼铃声世代伴随着喀什居民成长，文脉流韵滋养着这座古城繁盛至今。

时下，徜徉喀什街头，各社区广场都能看到居民们欢快地歌舞、娱乐。京剧与秦腔同台竞艺，二胡与手鼓和谐成趣，维吾尔族的麦西来甫、藏族的锅庄舞、塔吉克族的鹰舞、动感时尚的街舞……不同民族、不同习俗的人们在这里共同生活、相互学习，其乐融融，像石榴籽一样紧紧抱在一起。

流光溢彩，千年古城展新颜

2023 年 4 月 21 日，在新疆喀什古城景区，工作人员跳起舞蹈欢迎远方来客。（新华社记者丁磊 摄）

喀什古城的每个清晨，都有别样惊喜。

晨光熹微时，长号响亮、鼓点飘扬、丝竹悦耳，喀什古城开城仪式准时上演。演员与游客在欢快的乐声中纵情舞动。在这里，汉代的“班超”与清朝的“香妃”同台迎客，骑毛驴的“阿凡提”和穿着艾德莱斯丝绸的当代少女翩翩起舞。

分布在古城各处的遗址故居、亭台楼阁，无声地诉说着各民族文化各美其美、美美与共的汇聚交融历史。事实证明，喀什各民族文化都是中华文化的组成部分，中华文化始终是喀什各民族的情感依托、心灵归宿和精神家园，更是喀什各民族文化发展的动力源泉。

走进喀什古城，曲径通幽的街巷，错落有致的民居，随处可见的木雕、铁艺、绘画，无不展示着这里的悠久历史和浓郁风情。如今的喀什古城已是闻名海内外的“活的古城”。

2010 年，一项投资 70 多亿元，涉及 20 多万人口、8 平方公里面积的老城区危旧房改造民生工程全面启动。此后 7 年时间里，喀什老城 7000 多户具有历史文化价值的传统民居在保留原有空间格局的基础上得到修缮加固。改造项目获得联合国教科文组织的肯定。

喀什古城还依托着丰富悠久的历史底蕴，打造出众多旅游“打卡

地”和特色街区，吸引大批创业者为古城带来新鲜活力。

在喀什古城一家名为“入迷文创”小店里，“90后”小伙儿麦吾兰·图拉克用民族传统服饰和颇具特色的文创旅游纪念品吸引着南来北

在新疆喀什古城景区，麦吾兰·图拉克（右）和摄影师为顾客拍照。（新华社记者丁磊 摄）

往的游客。如今，他又把店铺开到了网上，通过“直播带货”直接面向海内外消费者。“我希望通过自己的努力，让家乡的特色文创产品被更多人喜爱。”他说。

作为开放式人文旅游景区，喀什古城因风格古朴又充满时尚感，成为“天然的摄影棚”。当地人眼中的寻常巷陌，如今成了广受欢迎的“网红”取景佳地。

店门口，摄影师陈强和阿布都艾尼·努尔买买提向过往游人“炫耀”着拍摄技术。他俩的摄影工作室在当地小有名气。“我俩都是旅拍摄影爱好者，想通过自己的一技之长，让更多游客记住喀什的花草树木、风土人情。”陈强说。

今日喀什经济社会的快速发展，也为各民族之间的交流交往交融注入强大新动能。新时代，喀什产生了一大批民族团结的先进典型、爱岗敬业的劳动模范、无私奉献的驻村干部。“时代楷模”拉齐尼·巴依卡勇救落水儿童长眠冰湖的英雄事迹广为流传，人们称赞他是在云端上守卫这方热土的“帕米尔雄鹰”。如今，根据拉齐尼事迹改编的电影《花儿为什么这样红》已搬上银幕，讲述了拉齐尼一家祖孙三代在帕米尔高原戍边护边巡边的故事，真实可感的英雄形象深深打动着观众。

东联西出，黄金通道向未来

2023年6月13日，游客在新疆喀什古城景区东门观看开城仪式表演。（新华社记者胡虎虎 摄）

南依昆仑，北临天山，喀什自古便是丝绸之路的交通枢纽，是中外商贾云集的商埠和东西方文化交流荟萃之地。法显、马可·波罗等历史名人，都曾在喀什留下足迹，国人熟知的唐僧玄奘法师“西天取经”也到过这里。

位于喀什市郊的莫尔佛塔便是唐代一座佛寺的遗址。传说玄奘归国途中曾在这里短期居住，并于这座寺院内讲经说法。

往事越千年。今天，航空快运和“钢铁驼队”“缩短”了喀什联通国内外的距离，这座丝路重镇的文化经贸交流枢纽地位逐步凸显、国际大通道建设日新月异，在“一带一路”建设中展现出蓬勃生机活力。

2023 年 6 月 9 日，“中吉乌多式联运通道＋陆海新通道测试班列”接发车仪式在喀什北站举行。25 辆满载集装箱货柜的大卡车从喀什发车，到达吉尔吉斯斯坦奥什火车站后，将转由铁路把货物运往乌兹别克斯坦首都塔什干。

今后，喀什将进一步发挥“东联西出”“西引东来”的区位优势，加强与各方合作，打造更加便捷、高效、安全的物流通道，促进经济社会发展。

作为“中吉乌铁路”“中巴经济走廊”的起点城市，喀什还持续加

新疆喀什综合保税区外景。（新华社记者胡虎虎 摄）

大对跨境电商、融资租赁等新业态的扶持和培育，充分释放改革红利，助力企业不断发展，助力构建国内国际双循环相互促进新格局。

喀什综合保税区里，一批现代化企业落地生根，一辆辆满载货物的车辆穿梭往来。园区 2022 年完成跨境电商货值 12.9 亿元，同比增长 291%。成立于喀什综合保税区的中顺电子商务（新疆）有限公司专门经营外贸生意。“我们把货品从长三角、珠三角汇集到这里，再发往中亚、欧洲等地，目前每天处理电子商务订单达 12 万单。”总经理张琪说。

立足丝绸之路经济带核心区建设，喀什未来将进一步推动文化事业繁荣发展，深入挖掘丝路文化遗产的时代价值，让中华优秀传统文化融入现代生活，凝聚民族精神。

昆仑流韵，古道遗珍。扎根中华文明沃土，丝路明珠熠熠生辉，生机勃勃。喀什，正以更加坚定的文化自信，持续激活中华文化的生命力，构筑中华民族共有精神家园。

新华社乌鲁木齐 2023 年 6 月 21 日电
新华社记者：李自良、曹志恒、于涛、高晗
视频记者：阿曼
编辑：王曙晖、杰文津、刘祯

扫描二维码查看视频

记者手记

行走喀什：半城风月半城沙

帕米尔高原脚下，塔克拉玛干沙漠西缘，古城喀什守望着丝路古道，静静地矗立了2000多年。沙海漫漫、驼铃摇曳，不同肤色、语言、信仰的人们在这里交汇、“扎根发芽”，共同开发建设这片神奇的热土。

走进喀什，追寻历史足迹，感悟文化情怀。在这里，盘橐城留下了班超驻守边关的伟绩，莫尔佛塔见证了喀什佛教的兴盛，石头城依稀可见朅盘陀国的辉煌，世界级非物质文化遗产“十二木卡姆”享誉中外，塔克拉玛干的无垠沙海讲述着大自然的神奇……

盘橐城是喀什最早“雏形”，有着两千多年的建城史。公元73年前后，东汉名将班超的进驻，让该城留名青史。“定远独能逢圣主，千年万岁蔼嘉声。”这是宋代诗人邹浩对定远侯班超守卫万里边疆的赞叹。

如今，喀什的人们依然用各种方式纪念着这位英雄人物。1994年，当地在古城遗址上修建了景区以及班超纪念公园。园内碧草萋萋，四周绿树葱葱。烽火台、城墙、牌楼、衙署……一一展示着喀什这座古城的历史记忆。人们站在班超巍峨的塑像前，似乎仍可感受到这位英雄的英姿勃发，以及他的丰功伟绩。

空中鸟瞰喀什，大漠和绿洲交相呼应，东西来往的车辆、行人川流不息，时而乍起的漫天风沙，不仅让人陷入对历史的追忆。这里自古就是丝绸之路的咽喉要冲，从中亚、西亚甚至遥远的欧洲东来的商贾、旅行者历经千辛万苦，进入中原前的第一站便是喀什。从长安、洛阳等地准备西去的人们也要在喀什稍做停留，做好穿越关山险阻的心理准备。去“西天取经”的唐僧便到过这里。

玄奘在他的《大唐西域记》里记载了沙国（今喀什一带）的人们笃信佛法的情况，“伽蓝数百所，僧徒万余人”。市郊荒漠中耸立的莫尔佛塔便是一座唐代佛寺的遗址。当地人说，玄奘归国途中曾在这里短期居住，并于这座寺院内为善男信女讲经说法。

如今，这座佛寺只剩断壁残垣，在大漠戈壁中默默诉说着繁华过往和世事变迁。

“古代喀什是丝绸之路西出中亚、南亚的交通枢纽，也是古代印度佛教东传中国的第一站。”中央民族大学教授、莫尔寺遗址考古发掘领队肖小勇说，新疆地区在佛教传入之后，又陆续经历了伊斯兰教文化、基督教文化的传入，多种宗教文化在新疆大地上都曾留下了丰富的历史文化遗产，是中华文明兼容并蓄的有力见证。

汉唐风韵，传承至今。喀什的烹茶、纺织、制陶等文化形态都可追溯到汉唐时期。当地文史专家告诉记者，唐初，浙江、安徽的茶叶就以砖茶的形式进入新疆，茶文化也在此落地生根。

喀什古城内的一家百年老茶馆是当前旅游网红“打卡地”。“现在店里有红茶、姜茶、桂花茶、人参茶等10多种茶品，很多乡邻每天都来喝茶聊天。”茶馆第四代经营者买买提克力木·买买提说，时代在变，茶品也在变，不变地是人们对传统文化的执着和热爱。

传说中，古代西域正是胡旋舞的故乡。“心应弦，手应鼓。弦鼓一声双袖举，回雪飘飘转蓬舞。”白居易的《新乐府·胡旋女》道出了胡旋舞舞姿的绝美与精妙。

虽然风靡于大唐宫廷的胡旋舞已归于历史的尘烟，但喀什民间舞蹈动作与胡旋舞姿却保持着千丝万缕的“亲缘关系”。弦鸣、鼓响之间，手扬、颈动、身体旋转……如今，在喀什每个广场上都可以看到各民族群众在这里休闲、跳舞的场景。

走在喀什的街头，可以看到各具特色的服饰、美食，也能见到相貌迥异的人群，多民族交往交流交融在这里有着最直观的认识。让记者感受最深的是，来自不同地方、不同民族的人们聚居于此，相互帮助、相互扶持已成为深入人们血脉的共识，成为一种习惯和生活常态。

在喀什市现代农业产业园，记者看到种植户王保伟与阿迪力·吾麦尔正一起给田地浇水。起初，因为不掌握现代农业技术让阿迪力·吾麦尔困扰不已。王保伟得知这些情况后，便手把手地教他选种、育苗、改善土质环境，实实在在的帮助让阿迪力·吾麦尔心中很是感激。同时，借助语言优势，阿迪力·吾麦尔经常替王保伟去十里八乡采购种子、联系商家。“如今，我们种秧苗、卖蔬菜都在一起，谁也离不开谁。”王保伟告诉记者。

“我在这里经营民宿已有4年。”游历过大江南北的川妹子亢翌说，她曾去很多地方考察适合自己创业的“根据地”，但一到喀什便扎下了根，还把家人一起接来。

眼下正值喀什旅游旺季，火爆的生意让她忙得不可开交。“喀什的老百姓淳朴善良，建筑和民俗也充满了少数民族风情，在这里每天的生活都很幸福和充实。”选择喀什，亢翌信心十足。

新华社记者：于涛

敦煌是历史上东西方文化交汇的重要枢纽，在丝绸之路上有着重要地位。

“敦煌文化是世界现存规模最大、延续时间最长、内容最丰富、保存最完整的艺术宝库，是世界文明长河中的一颗璀璨明珠，也是研究我国古代各民族政治、经济、军事、文化、艺术的珍贵史料。”习近平总书记在考察敦煌时说。

融汇东西，煌煌大观；风沙吹尽，绽放新颜。这，就是敦煌！

融汇东西成大观

——解码丝路重镇敦煌的文化自信样本

图为 2023 年 6 月 7 日拍摄的鸣沙山月牙泉景区（无人机照片）。
（新华社记者张智敏 摄）

代代守护，只为“代代相传”

图为 2023 年 4 月 25 日拍摄的莫高窟窟区（无人机照片）。
（新华社记者陈斌 摄）

从飞机上俯瞰，敦煌被茫茫戈壁包围，犹如一叶孤舟。

公元366年，云游四海的乐尊和尚踏着黄沙来到敦煌，莫高窟的营建就此开始。从公元4世纪至14世纪，1000多年间，一代代人开窟造像，成就一座举世闻名的艺术宝库。

735个洞窟、4.5万平方米壁画、2000多身彩塑，记录下历史的变迁、艺术的演进，流传下包罗万象的史料。

千古匠心，造就艺术宝库；代代守望，绵延文脉气韵。

敦煌市宕泉河畔的沙丘上，长眠着常书鸿、段文杰等敦煌文物工作者。他们的墓碑，与莫高窟遥相对望，令人肃然。

20世纪40年代，艺术家常书鸿如当年乐尊和尚般踏沙而来，与同道者一起，住马厩，喝浊水，用双手清除了堆积在300多个洞窟内的积沙。

段文杰、樊锦诗等一个个“接棒者”奔向敦煌。他们在致力于保护敦煌文化遗产的同时，埋头于对这一博大精深艺术宝库的研究。

20世纪80年代，为了临摹《都督夫人礼佛图》，时任敦煌文物研究所所长的段文杰潜心服饰研究，翻阅了100多种资料；樊锦诗完成了莫高窟北朝、隋及唐代前期的分期断代；《敦煌研究文集》出版、《敦

莫高窟第 275 窟的阙形龛。（敦煌研究院供图）

常书鸿长眠于莫高窟九层楼对面的墓地（2021 年 4 月 23 日摄）。（新华社记者张玉洁 摄）

煌研究》创刊、全国敦煌学术讨论会举办……几代敦煌学人不畏艰苦，坚守开拓，以丰硕的研究成果，向敦煌学研究高地迈进。

“坚守大漠、甘于奉献、勇于担当、开拓进取”的“莫高精神”，成为敦煌研究院薪火相传、生生不息的动力源泉。

2019 年 8 月 19 日，习近平总书记到甘肃考察，首站便来到敦煌莫高窟。考察过程中，总书记不时向工作人员询问莫高窟的历史渊源、文化传承和文物保护情况，并在敦煌研究院主持召开座谈会，认真听取专家学者关于文物保护、文化传承、文明互鉴的意见建议。座谈会上，从游客数量到自然灾害的影响，总书记仔细询问。

“运用先进科学技术提高保护水平，将这一世界文化遗产代代相传”“展示我国敦煌文物保护和敦煌学研究的成果，努力掌握敦煌学研究的话语权”……总书记的谆谆嘱托，为敦煌研究院做好新时代文物保护、学术研究、文化传承工作指明了方向。

2020 年底，敦煌研究院建成我国文化遗产领域首个多场耦合实验室，实验室可模拟－30℃到 60℃、10% 至 90% 相对湿度以及风、雨、雪、太阳照射等各类气候条件，基础研究能力进一步提升。其他相关领域也不断追求精进，志在让这一世界文化遗产神彩长在、代代相传。

兼收并蓄，尽显『文化自信』

莫高窟第 112 窟的反弹琵琶图。（敦煌研究院供图）

敦煌人的一天，是从一碗热气腾腾的特色美食“合汁”开始的。“合汁”有羊肉汤、猪肉丸和各类配菜，风味兼具游牧民族的奔放与农耕社会的精细。

美食折射文化，两千多年来，兼收并蓄、和“合”万物，造就“世界的敦煌”。

汉武帝设置敦煌郡以经营河西、开拓西域。到隋唐时期，丝绸之路北、中、南三条路“总凑敦煌”，敦煌成为“咽喉之地”，东来西往的驼队、使团带来的商品、文化、习俗、思想等，在这里交汇。

“中华文明的包容性在莫高窟里体现得非常明显。”敦煌研究院党委书记赵声良说。

莫高窟第285窟营建于西魏，是莫高窟最早有纪年的洞窟，是一座“万神殿”。壁画中，有来自印度的飞天，有中国神话中的伏羲、女娲，有道教的朱雀、玄武。壁画中的日神形象，就有古希腊的太阳神阿波罗、佛教的日光菩萨、婆罗门教的太阳神等诸多解读。

敦煌以神奇之手，将外来文化与中华文化融合，呈现出具有鲜明敦煌特色的文化艺术样式！

物换星移，驼队远去。开放包容、兼收并蓄的精神特质，在敦煌

图为莫高窟北区出土的波斯银币。（新华社记者张玉洁 摄）

延续。

20 世纪 50 年代，莫高窟迎来捷克斯洛伐克的专家，为千年石窟的保护问诊把脉；到了 80 年代，敦煌研究院的国际合作进一步加强，与日本、美国、英国等多国机构在风沙治理、壁画保护、文物数字化、人才培养等领域广泛开展合作。其中，与美国盖蒂保护研究所持续 30 多年的合作，成为文化遗产保护领域国际合作的典范。两国专家携手对“壁画癌症”酥碱等病害突出的莫高窟第 85 窟进行研究，历时 7 年终于成功修复了这一洞窟。基于此一合作探索出的保护流程，直接推动了行业标准《中国文物古迹保护准则》的出台。

对各种先进文保理念、技术的学习、吸收、转化，敦煌研究院在推动我国文化遗产保护领域实现了多项突破，在壁画和土遗址等领域的保护走在了世界前列。

“敦煌文化展示了中华民族的文化自信，只有充满自信的文明才能在保持自己特色的同时包容、借鉴、吸收各种文明的优秀成果。”习近平总书记在敦煌研究院主持召开座谈会时的讲话，鼓舞着敦煌研究院专家学者传承敦煌文化的信念：不忘本来、接受外来、面向未来。

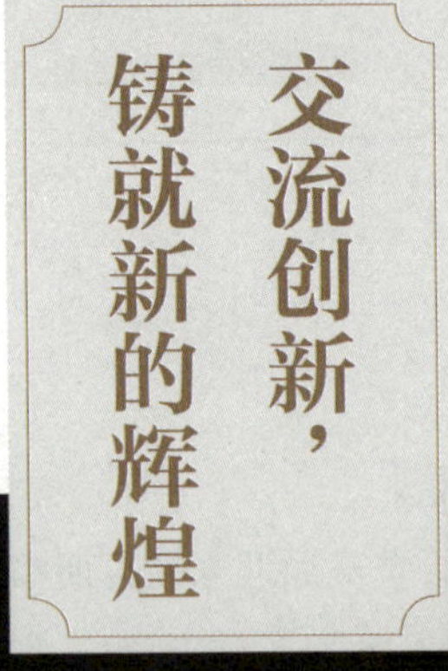

2023 年 6 月 18 日晚，由中国残疾人艺术团创排的情景音画剧《千手千眼》在敦煌大剧院首演。（新华社记者陈斌 摄）

人行道的花砖纹样，取自唐代遗址中的莲花纹、石榴纹；路中央，是反弹琵琶雕塑；城市建筑外墙，饰以敦煌壁画中之金色、红色……漫步敦煌，如入汉唐。

莫高窟数字展示中心球幕影院中，垂目的菩萨款款走来，飞天几欲翱翔，洞窟壁画纤毫毕现……观众如临其境。

窟区，年轻讲解员靳晖拿出手机，用 VR 技术向游客展示不一样的莫高窟洞窟。屏幕中，身披丝带的九色鹿竟从壁画中“飞身而下”。

敦煌大剧院，情景音画剧《千手千眼》创新性引入芭蕾舞的表现手法。音乐光影中，舞台梦幻般展现敦煌壁画中的飞天下凡，观者无不动容。

……

创新之变，敦煌自古有之。

距今 1500 多年的莫高窟北魏第 254 窟有一绘画杰作，用 5 个关键场景描述释迦牟尼佛前身萨埵太子舍身饲虎的故事。传自印度、艰深晦涩的佛经，被古人创造性转化为通俗画面，让大众易于接受。

1979 年，甘肃艺术家和我国敦煌学家合作，创新推出舞剧《丝路花雨》，“飞天”“反弹琵琶”等敦煌壁画形象在舞台横空出世，在国内

2022 年 2 月 23 日，敦煌研究院技术人员在莫高窟第 254 窟查看文物修复情况。（新华社记者杜哲宇 摄）

外长演不衰，被称为“中国民族舞剧典范”。

习近平总书记在敦煌研究院主持召开座谈会时，向专家学者询问了《丝路花雨》《大梦敦煌》等优秀文化作品创作生产和“走出去”的成功经验。他强调，要铸就中华文化新辉煌，就要以更加博大的胸怀，更加广泛地开展同各国的文化交流，更加积极主动学习借鉴世界一切优秀文明成果。

近年来，在“数字敦煌”基础上，敦煌研究院又推出“敦煌遗书数据库”“数字藏经洞”等平台，持续推进敦煌数字资源的全球共享；接下来，还将对流散在世界各地的敦煌藏经洞文献进行全面的整理与收录，对丝绸之路沿线遗址进行文物数字化保护利用。一条“数字丝绸之路”正在铺就。

开放、包容、创新的气质，让敦煌别具魅力。

湖南人申洪杰迁居敦煌近20年，经营着一家展现敦煌壁画神韵的木雕画店，成了“新敦煌人”。

美国盖蒂保护研究所专家内维尔·阿根纽一次次飞到敦煌，因为“莫高窟每幅壁画都像伦勃朗的名画一样珍贵，这是世界上保护最好的文化遗产之一”。

2023 年 5 月 10 日，工艺美术师申洪杰在敦煌夜市进行敦煌木刻画创作展示。（新华社记者马希平 摄）

莫高里工匠村将文化研学与旅游市场结合，吸引着青少年参与彩塑制作、壁画临摹，鼓励创造有个性风格的敦煌作品。

敦煌市委书记石琳说，历史上，无数工匠在这里留下艺术巨作。未来，敦煌文化的创造性转化创新性发展，仍需要走进大众、面向大众、依靠大众。

“世界任何传说中神奇的地方，只要去过一次便不再神奇。但惟有敦煌，在你造访之后，心里的感觉反倒更加神奇。”作家冯骥才感叹。

新时代，敦煌将进一步发挥多元文化交流荟萃的特点，加强同“一带一路”沿线国家的文化交流，增进民心相通；以海纳百川、积极自信的态度深入推进国际合作，积极传播中华文化，助力文化强国和中华民族现代文明建设。

新华社兰州 2023 年 6 月 22 日电
新华社记者：向清凯、宋常青、张钦、张玉洁、何问、张智敏
视频记者：张智敏、张睿
编辑：王曙晖、廖翊、杰文津、贾真

扫描二维码查看视频

记者手记

追寻“金光”

公元 366 年，乐尊和尚踏沙西行，看到敦煌三危山上一抹璀璨金光，便决定留在这里开窟造像。从此，莫高窟营建千年不辍，敦煌文化绵延至今。

时光流转，不同的文明沿着丝绸之路在这里交汇，用莫高窟 735 个洞窟、4.5 万余平方米壁画、2000 多身彩塑造就了中华文明连续、包容、统一、创新的“活样本”——敦煌。

敦，大也；煌，盛也。“敦煌”“莫高窟”一直都是闪亮的中华文化名片。敦煌文化就像贫瘠沙漠里长盛不衰的一朵花，人们总是忍不住探究花开的秘密。多年来，以敦煌文化保护、研究与弘扬为主题的书写常写常新。

敦煌，走出了绿洲便是生命禁区。是什么力量，孕育出融汇东西、兼收并蓄的敦煌文化，且延续近 2000 年仍生生不息?

从飞机上俯瞰，敦煌绿洲被茫茫戈壁包围，犹如一叶孤舟。我们像乐尊追寻金光一样，实地探寻敦煌文化生生不息的密码。

令我们震撼的，首先是驾驭孤舟勇毅前行的形形色色的敦煌人。

敦煌博物馆首任馆长荣恩奇被人称为“文物痴子”，膝盖受损、高度近视的他，在敦煌3.12万平方公里的土地上发现了200余处文物点。“说来夸张，我从小就觉得，我爸把文物看得比家人重要。”女儿荣红梅说。1979年敦煌发生特大洪灾，她9岁、弟弟1岁。父亲却三天没回家，吃住在库房，紧急打包文物，“誓与文物共存亡”。

追溯当代莫高窟保护史，始终有以常书鸿、段文杰、欧阳琳、孙儒僩、史苇湘、樊锦诗等为代表的年轻人选择放弃优渥生活，来到敦煌甘坐“冷板凳”。仅在文物数字化保护领域，目前“80后”“90后”年轻一代占到八成以上。敦煌研究院每年仍不乏博士研究生前来应聘。他们追寻的“金光”，是对中华优秀传统文化的传承、创新与发展。

如果说文化不是一种信念，还有什么品格和力量能够吸引一代代人甘愿将青春献给大漠？

但，仅有执着坚守，仍不足以让多元文明汇流于此，流淌千古依然活力迸涌。

我们看到，当一些文化遗产面临后继乏人的困境时，敦煌泥塑、壁画临摹等不仅成为一种时尚文化现象，也融入日常，成为百姓日常文化生活的一部分。许多普通人以此为好，许多来自天南地北的人，不辞长作敦煌人，乐此不疲地以文物保护、文化创意为生。执着之外，他们知足、满足。

人们很少知道，一个偏居一隅的西北小城竟在科技领域开创了如此多“唯一”和“第一”：我国文化遗产领域唯一国家级工程技术中心“国家古代壁画和土遗址保护工程技术研究中心”、国内首台文物出土现场保护移动实验室、首个基于风险理论的石窟监测预警体系、我国文化遗产领域首个模拟研究平台“多场耦合实验室”、全球首个基于区块链的数字文化遗产开放共享平台……

人们很少见到，在一片戈壁绿洲上，有取材自同一文化主题、不同展现形式的经典舞剧《丝路花雨》《大梦敦煌》先后推出。2023年以来，在敦煌上演的洞窟沉浸式体验剧《乐动敦煌》、室内情景体验剧《又见敦煌》、沙漠实景演出《敦煌盛典》和中国残疾人艺术团情景音画剧《千手千眼》，均是悠久敦煌文化与现代歌舞艺术结合的产物。

敦煌是一座历史文化名城，人行道上铺设的莲花纹、石榴纹等花砖，路口矗立的反弹琵琶伎乐天雕塑，以及沙金色建筑外墙等，都彰显着这里的古朴气质。

但这座城却不古老：文化艺术从业者熙熙攘攘，以敦煌文化为IP的文创产品层出不穷，剧目演出中融合最新的声光电技术和沉浸式概念，充满了千年前丝路文明交汇前沿地带所养就的“潮气”。

曾游历过巴黎、佛罗伦萨等世界著名艺术之都的上海设计师陈丽松来过敦煌后，第二年就辞去知名外企的工作回到这里创业。她以敦煌丝路邮驿遗址悬泉置为灵感打造了一个“沙洲食驿”。每逢夜幕降临，1800个灯笼同时亮起，金红灿灿，夜景喷雾如袅袅升起的烟火。“龟兹羊杂”“敦煌酿皮”“乌孙缸子肉”……36个美食摊位构成了一张丝路画卷，让人心生穿越之感。

“敦煌文化包容、厚重，真正外化了我心中的中国文化特质。”她说，当衣食住行都“搭载”了文化内核，文化就真的“活”了。

“敦煌是一片沃土，养育了无数文化人、艺术家。”已经在敦煌生活了近20年的湖南人申洪杰说。2004年的一次旅行，让他毅然决定举家搬迁，将艺术梦想扎根在这里。他将敦煌艺术与擅长的木雕画相结合，开创了自己的敦煌木雕画品牌，在一笔一刻的凹凸之中，“飞天”动感顿现。

就像乐尊一样，申洪杰们机缘巧合来到这里，从此留了下来。如今，在敦煌夜市中，从事敦煌木雕画的不在少数。

因为有海纳百川的广阔胸襟，敦煌才成为敦煌：虽然地处偏远，却站在开放前沿；既坚定不移守正，又源源不断创新；既不忘本来，又吸收外来……

敦煌之所以是敦煌，不仅是因为“人能弘道”，同样因为“道不远人”。敦煌壁画是千百年来作为画匠、商旅、香客、官员的众多敦煌人的集体创作；敦煌文化既呈现出包罗万象的文化气象，又始终充满烟火气、市井味，保持着“近者悦，远者来”的亲和力。

千百年来，敦煌文化生机勃勃，今日这里依然创新不辍。经过创造性转化、创新性发展，敦煌文化持续内化沉淀，成为一批又一批“乐尊”毕生追寻而又乐在其中的事业。“金光”犹在，引人神往！

新华社记者：向清凯、宋常青、张钦、何问、张玉洁、张智敏

研磨丹青写精神

——一次文化视角重大主题宣传报道范式创新的有益尝试

王安石有诗：丹青难写是精神。

卡尔维诺认为，城市从来不会泄露自己的历史，只会把它像手纹一样隐藏起来。

那么一篇 3000 字左右篇幅的报道，能否写出一座城市的文化自信并基本廓清其精神与现实根由呢？

随着 2023 年 6 月 23 日新华社“解码文化自信的城市样本”系列报道集成稿“新华社送你一本 22 城文化指南”火爆上线，该系列稿件第一批次报道成功落下帷幕，同时也完成了一次针对上述问题的有益尝试。

这一系列稿件由新华社社长傅华布置，社总编室安排：22 篇报道，涉及 20 个国内分社，每篇书写一城，由分社社长提笔“挂帅”，10 天之间每天 2 篇压茬播发……

为保证高标准高质量高水平完成报道任务，新华社国内部上至主要领导、值班领导，下至主题片负责该系列报道的责任编辑，无不用心用情、开足马力投入到从稿件组织到编辑播发的全流程中。这组稿件播发后，几乎每篇都获全网置顶或全网推荐，各大主流媒体积极采用转载，各大平台端口创意展示呈现，报道在业内有好评，在社会受追捧，真正实现了既叫好又叫座的目标。

作为编发团队的一线成员，我参与了这组报道策划、组织、编辑、播发全流程，这期间确有诸多艰辛不易，但更重要的是，如何贯彻落实习近平总书记文化传承座谈会讲话重要指示精神，如何进一步推动文化视角重大主题宣传报道范式创新？我将自己的收获与思考分享给大家，希望能为今后我社成功组织此类报道，进一步引导全党全社会深刻认识习近平总书记提出的“第二个结合”历史意义、现实意义和时代意义，提供一些有益的经验。

探索破题：怎样理解“解码文化自信的城市样本”

做大文章须先破题。因为破立相反相依，破题就是立意，立意决定报道格局。要精准解码具体的城市样本，就必须先破解社领导给出的这个题目。

所幸有《文韵贯长安》一篇珠玉在前。

我们所说的文化自信，是一种对文化有自知、敢自胜的精神气质。而城市样本的策划组稿则是围绕习近平总书记“创造性转化和创新性发展”“守正不守旧，尊古不复古”等相关重要指示如何贯彻落实践行来展开的。

但这样的理解对于支撑报道立意，显然还不够。22 座城市风俗迥异、地理不同，历史沿革自有特色、发展现状参差不齐，要指导各分社采写团队准确完成“解码”样本的任务，又要避免“千城一面”的肤浅，就要求我们对习近平总书记“第二个结合”相关论述、对于社领导相关报道具体要求、对样本城市历史现实细节有更深刻、更精准、更贴近的理解。

经过反复挖掘、研讨，编辑团队确定了“追寻文化脉络、描摹文化风姿、凸显文化力量”报道写作总方针，以对应“寻根历史、廓清现实、赋能未来”的报道目标。在此基础上，还在此后的具体编辑工作中摸索确立了两项重要的采编原则，即：聚焦标志，不贴标签；表达自信，拒绝自大。

打磨标题：“请再酌”逼出标题三原则

标题是破题的结论，是立意的表征。所以在进入写作原则讨论前，我想先插播一段关于这组报道制作标题的小故事。

根据社领导文化报道标题应有文化味的要求，编辑团队在先导篇“文韵贯长安”五字题的基础上，拟定了系列首篇北京篇“文脉千秋铸京华”七字题的风格，并得到了社领导认可。但在报审上海篇时，却收到了傅华社长“标题请再酌”的指示，这个情况还出现在同时间送审的沈阳篇送审过程中。

《文心雕龙》里说“善为文者，富于万篇，贫于一字，一字非少，相避为难也。”七字题型的选题空间本来就非常受限，再考虑到避免 22 篇当中的重复、相似，标题制作难度可想而知。所以，送审稿标题边的“请再酌”三个字，一时成为令编辑团队绞尽脑汁的三个字。

国内部领导为高质量拟定稿件标题，专门组织主题片编辑团队和分社采写团队异地开会研讨，编辑部、分社各拟一批标题再共同逐个炼字炼词定题。

发稿前期，得益于部领导采取的这一关键举措，不仅多篇稿件标题得以顺利过审，更重要的是为整组报道确立了拟定标题的三项原则：一是要包含能识别城市的最鲜明文化元素；二是要表现出与城市直接相关的时代特征、发展趋势；三是有文化韵味，要鲜明地区别于单纯的经济类、社会类报道题目。

题好文一半。正是在这一原则指导下，“海纳百川谱华章”“沈水浩荡文韵新”“文润山城气自华”“‘文枢’焕新耀金陵”等一批高质量标题得以顺利诞生，此后系列报道的推进也更加顺畅了。

编辑提升：写透城市文化自信的“精气神”

聚焦标志是指稿件编写思路应聚焦于样本城市最具辨识度、最有知名度的历史文化脉络与现实发展领域。比如南京的书香生活、沈阳的工业遗存、成都的巴适日子、大同的民族融合……

不贴标签指的是稿件里应当写清城市标志性的文化元素与现实状态之间的有机联系，历史文化脉络与现实发展状态之间的关系，城市文脉要具象化，“两创”实践成绩要层次清晰等。

比如较早播发的杭州篇，内容特点鲜明，清晰呈现出“以人写城”的三个层次：人脉、人本、人文。全文以“人脉兴文脉，文脉通‘经’脉”的逻辑贯穿其中，顺畅合理地表现“‘人间天堂’今更盛”的主题。

另外，如果细品，读者不难发现，这组稿件饶有趣味。像大同和喀什，两城虽然地缘环境相似，但两篇稿件却在人文心态、城市状态、发展业态等方面写出了大异其趣的风采。而像福州与敦煌这两座地缘历史背景迥异的城市，虽然山海相隔，却在稿件中表现出同样绵密厚重的文化质感。这样的效果，应该说与这一写作原则的确立有直接关系。

解码文化自信的城市样本，让读者从报道中读出文化自信是基础。所以这组稿件的写作，无论从心态还是语态上，都应当真正体现出自信。

我认为，心态自信体现在摆布材料，要做到言之凿凿，言之昭昭，论有实据，论据相称。语态自信则表现在遣词造句，有理有力有节，不说过头话。

比如大同篇中，写城市的文物活化，就清晰地以“保护存活”“走进生活”“表现鲜活”三个层次的事实加以展示。在曲阜篇中，谈到孔子儒学优秀传统文化在城市中成风化人，从廉政、睦邻、孝道、公益等多个方面讲故事、举例子，令人信服。

结语

如何让报道散发书香却不掉书袋？如何紧盯细节却不陷入细碎？……编发这组报道的收获，远不止于上述分享，限于篇幅，只好止笔于此。

最后想说的一点是，作为国内部主题片该系列稿件编辑团队的一员，我深深感受到，这个老中青结合团队所展现出来的责任心、人情味与战斗力。这种研磨丹青写精神的气魄，又何尝不是我们这个团队所散发出的一种文化自信呢？

新华社编辑：杰文津